교실혁명

— 대한민국 최초의 몬테소리 초등학교 이야기 —

영재를 이기는 평재의 교육법

교실혁명

———

이미향 지음
더힘스쿨 설립자/교장

가연

로즈마리 콰란타(Rosemary Quaranta, 전 제비어대학 교수)

몬테소리 교육을 소개하는 책의 추천사를 쓰게 되어 영광입니다. 저자인 이
미향 교장 선생님을 모교인 제비어대학에서 만났을 때가 주마등처럼 떠오
릅니다. 만학임에도 불구하고 몬테소리 교육 철학에 열정과 진심을 보이
는 선생님을 보며 교수였던 제가 도리어 큰 감동을 받았습니다. 아직도 처
음 한국의 더힘스쿨 캠퍼스를 방문했던 때를 저는 잊지 못합니다. 도착한
순간부터 교사(敎舍)의 아름다움에 감동했습니다. 그리고 초롱초롱 아름답
게 빛나는 학생들의 눈망울에 감격했습니다. 제가 만났던 더힘스쿨 학생들,
선생님들은 언제나 제 마음속에 아름답고 귀한 추억처럼 특별한 자리를 차
지하고 있습니다. 몬테소리 교육학으로 설립된 더힘스쿨의 교육 과정을 찬
찬히 관찰하면서 이 아름다운 학교가 장차 한국뿐만 아니라 전 세계로 나아
갈 훌륭한 인재를 키워낼 것이라고 확신했습니다. 저는 더힘스쿨의 산증인
입니다. 몬테소리 교육뿐 아니라 더힘스쿨의 교육 철학이 오롯이 담겨 있는
이 책을 여러분들에게 자신 있게 추천합니다.

김명룡 박사(㈜이노밴컨설팅 대표)

저자는 모든 학생에게 하나님의 품성과 놀라운 잠재력이 내재한다고 믿는 사람이다. 이 책을 읽고 감명을 받았다. 책에는 그 믿음을 바탕으로 그들 안에서 어떻게 하면 숨은 잠재력을 끄집어내어 실현할 수 있을지 고민한 30여 년의 경험담이 담겨 있다. '영재를 이기는 평재의 교육법'의 기저에는 누구나 적절한 기회와 동기, 학습 조건만 조성되면 탁월함에 이를 수 있다는 희망의 메시지가 함께한다. 흥미로운 점은 단지 인지적 기량을 높이기 위해 지식을 쌓는 교실이 아닌 먼저 아이가 꿈꾸고, 마음껏 실패해 볼 수 있는 실험장을 제시한다는 것이다. 교실이 지적 흥미와 호기심을 마음껏 채울 수 있는 실기장, 장차 진출할 사회를 시뮬레이션할 수 있는 시험대가 되면서 '익숙한 것을 낯설게, 오래된 것을 새롭게' 보는 교육을 실천한다. 공교육에 실망하고 지나친 입시경쟁에 내몰린 현실에서 몬테소리 교육은 학생의 자율성과 호기심을 존중하며, 활동 중심의 학습 환경을 마련하여 아이가 자아를 발견하고 성장할 수 있도록 돕는다. 몬테소리 교육에 대한 이해를 넓히고, 아이의 성장과 발달에 도움이 필요한 모든 이들에게 일독을 권한다.

이순종(전 한국몬테소리교육총연합회장)

추천사 제의를 받았을 때 적잖이 조심스러웠지만, 원고를 읽고는 과연 '이미향 교장 선생님이구나.' 하고 고개가 절로 끄덕여졌습니다. 저는 일전에 제비어대학 로즈마리 교수 초청 세미나에 참석한 경험이 있는데, 그때마다 방문했던 더힘스쿨은 몬테소리 교육 철학이 단단히 자리 잡은 명문임을 여러 면에서 알 수 있었습니다. 수업을 참관하면서 교사와 학생의 상호작용, 교실 환경, 교구 준비 등은 대한민국 몬테소리스쿨 어디에도 비교할 수 없을 만큼 훌륭했습니다. 저자의 숭고한 신앙심과 몬테소리 철학의 융합은 오랫동안 몬테소리 교육에 투신했던 저를 숙연하게 할 정도였습니다. 이 책은 몬테소리 교육자를 위한 전문서일 뿐 아니라 일반 대학생부터 필독해야 할 교양 도서로서 가치가 충분하다고 생각합니다. 국내 몬테소리 교육의 선두에서 미개척지와도 같았던 초등교육의 모델을 두 곳이나 설립한 저자는 한국 몬테소리 교육의 역사에 길이 남을 분임을 널리 알리고 싶습니다. 바쁜 와중에 귀한 책을 집필하신 이미향 교장 선생님께 깊은 감사와 축하의 마음을 전하고 싶습니다. 찬란히 빛나는 별이기를 바라며….

차영회(한국기독교대안학교연맹 사무총장)

개인적으로 더힘스쿨을 만난 지 9년쯤 된 것 같은데, 그간 저자인 이미향 교장 선생님과 얘기를 가장 많이 나눴던 부분은 '교실'이었습니다. 저 또한 교육혁명을 '교실혁명'에서 찾고 있었기 때문에 같은 생각을 가지신 선생님이 너무 반가웠습니다. 교실이 지식 전달의 장이 아닌, 삶의 교실이 되어야 한다는 선생님의 말씀에 깊이 공감했습니다. 선생님을 생각하면 '보이지 않는 눈물'이 떠오릅니다. 강인한 듯하지만 실상은 보이지 않는 곳에서 눈물을 많이 흘리는 분입니다. 마흔이 넘어 아이들을 데리고 떠난 무모한 유학길을 따라 ADHD 수진이 이야기까지 읽다 보면 저 역시 가슴이 뭉클해져 옵니다. 책의 마지막 페이지를 덮으며 선생님의 교실혁명이 사랑임을 깨닫고는 행복해졌습니다. 앞으로 이 책이 대안교육을 넘어 한국 교육에 큰 역할을 해 줄 것으로 기대합니다. 감사합니다.

이인희(꿈의학교 교장)

떠들썩하게 교육혁명을 외치는 이 시대에 조용히 교실혁명을 외치는 한 영혼이 있습니다. '아이의 학업을 어떻게 향상시킬까?'를 고민하는 현실에서 '아이가 어떻게 하면 행복할까?'를 꿈꾸는 한 영혼이 있습니다. '나를 따르라.'는 카리스마적 교사보다 '아이를 따라가라.'며 학생을 신뢰하는 한 영혼이 있습니다. '학교의 명성'보다 '한 영혼의 회복'에 자신의 전 인생을 건 한 영혼이 있습니다. 이 책은 평생 하나님의 부르심에 순종하여 교육 현장에서 헌신한 한 영혼의 이야기입니다. 한 영혼으로 시작된 순종이 교육의 오병이어가 되어 교실에서 어떤 혁명을 일으키고 있는지 볼 수 있는 책입니다. 책을 잡는 순간, 교육자의 한 사람으로 가슴이 뜨거워졌습니다. 이 감동이 여러분에게도 동일하게 전염될 것을 믿습니다.

내가 너의 선생이라서 영광이야

더힘스쿨 제1회 졸업생들의 진학 소식이 하나둘 들려왔습니다. 그 중에서 정효는 자신의 꿈을 정한 후 특수교육과를 진학하고, 도원이는 미국 미네소타주립대학에, 도훈이는 중국 상하이복단대학에 합격했습니다. 소식을 받고 나도 모르게 무릎을 꿇고 우리에게 가장 좋은 길로 인도해 주신 하나님께 감사의 기도를 드렸습니다. 그동안 우리나라에 처음으로 몬테소리 초등학교를 설립하여 이 땅에 교실의 혁명을 이루고자 발버둥 쳤던 시간이 주마등처럼 눈앞을 지나갔습니다. 나는 십 대 소녀가 된 것처럼 기뻐하며 축하를 건넸습니다.

"얘들아, 내가 너의 선생이라서 영광이야. 너희들이 내 제자라서 너무 고마워."

모든 게 선생님 덕분이라고 활짝 웃는 아이들의 전화를 받고 나는 구름 위를 걷는 느낌이었습니다. 이런 게 선생으로서 최고의 보람 아닐까요? 제가 가르친 제자가 너무 잘 돼서 저를 잊지 않고 찾아주었을 때 느끼는 그 선연한 기쁨과 고마움. 게다가 이 아이들은 제가 더힘스쿨에서 배출한 첫 번째 학생들이라는 특별함도 있었기 때문에 그 기쁨과 고마움은 배가 되었습니다. 그렇게 저의 일처럼 즐거워하고 있는데 도훈이 부모님이 감사를 전해왔습니다.

"교장 선생님, 그간 우리 도훈이 잘 지도해 주셔서 감사해요."
"아니에요. 내가 더 감사하지요. 그리고 고마워요, 도훈이 엄마."

교육에 몸담은 지 36년이 지났지만 아직도 첫 수업 때 유치원 교실 문을 열고 들어가며 느꼈던 벅찬 감동을 잊을 수 없습니다. 하루가 멀다고 무당이 굿을 하던 포항의 작은 해변마을 소환리, 가난을 천형처럼 짊어지고 살았던 척박한 고향 땅을 벗어나게 해줄 유일한 희망은 교육뿐이었습니다. 하나를 배우면 둘을 알고 싶었던 저는 알고자 하는 지적 욕구에 이끌려 교육학으로 학사와 석사학위를 받았습니다. 제철소 아이들을 거두겠다는 마음에 전라남도 광양에 겁 없이 유치원도 세웠습니다. 그 와중에 운명처럼 몬테소리 교육을 만났고, 할 거면 제대로 하자, 아이가 실험실 모르모트가 되어선 안 된다는 다짐으로 나이 마흔을 넘겨 몬테소리 교육의 하버드라고 불리는 미국 제비어대학으로 유학을 떠나는 만용도 부렸습니다.

그렇다고 저에게 인생의 숙제요 교육의 화두와 같던, 몬테소리 초등학교를 세워 우리나라 교육에 울림이 있기를 소망하는 일념이 한순간에 만들어진 건 아니었습니다. 진학과 입시에 매몰된 힘없는 공교육과 그 사이 공룡처럼 무시무시하게 자라난 사교육의 틈바구니에서 끝도 없이 추락하는 무저갱의 아이들, 경쟁과 서열에 내몰려 학습의 행복을 알지 못하는 앵무새 같은 아이들을 보면서 교육자로서 안타까움이 컸지요. 학생 행복도 최하위와 자살률 세계 1위라는 오명을 안고 살아가는 이 시대 대한민국의 아이들에게 문명과 역사, 평화와 진보, 인류와 우주를 품을 수 있는 교육을 소개해 주고 싶었습니다. '교실 혁명 없이는 교육 혁명이 없다'는 원칙이 교실에서 구현되는 것을 직접 보고 싶었습니다.

이 책은 몬테소리 교육 철학에 빠진 한 시골 유치원 원장이 한국 최초로 몬테소리 초등학교를 세우겠다는 무모한 도전기를 담고 있습니다. 여러분이 어떠한 경로로 이 책을 접하고 이 본문을 읽고 계시는지 저는 알지 못합니다. 매대를 둘러보다 표지가 그럴듯해서 이 책을 집어 들었는지, 혹은 오랜만에 둘러본 시내 서점 한편에서 운명처럼 이 책을 만났는지 모릅니다. 교육학 숙제를 하기 위해 중앙도서관에서 자료를 검색하다가 발견했을 수도 있고, 지인 중 한 분이 한번 읽어보라고 건네주었을지도 모릅니다. 어떤 경로에서 이 책을 보았던지 이 작고 보잘것없는 책이 대한민국 교육에 방향을 찾고 있는 분들에게 조금이라도 위로와 힘이 되었으면 좋겠습니다.

저와 함께 유치원과 학교에서 동고동락하며 30여 년 넘는 기간 동안 울고 웃었던 동료 선생님들, 지금도 제자리에서 몬테소리 교육 철학을 몸소 실천하고 계시는 우리나라 교육 현장의 선생님들, 언제나 식지 않는 뜨거운 응원으로 저의 든든한 버팀목이 되어주시는 학부모님들, 그리고 누구보다 밤하늘의 별처럼 초롱초롱한 눈으로 강단에 선 저를 바라보며 단어 하나라도 놓칠세라 귀를 쫑긋 세우는 학생들, 포기하고 싶을 때마다 곁에서 힘이 되어주었던 사랑하는 남편과 어느새 훌쩍 커서 자신의 몫을 다하고 있는 세 아들, 그리고 포기하고 싶을 때마다 저에게 지경을 넓히라고 하셨던 하나님께 이 부족한 책을 바칩니다.

"교육 절차가 올바른지 점검하는 한 가지 방법은 오로지
'아이가 행복한가?'이다."

– 마리아 몬테소리 –

"이르시기를 너희는 가만히 있어 내가 하나님 됨을 알지어다.
내가 열방과 세계 중에서 높임을 받으리라 하시도다.
만군의 여호와께서 우리와 함께 하시니
야곱의 하나님은 우리의 피난처시로다."

– 시편 46편 10~11절 –

더힘스쿨 교장실에서
저자 이미향 드림

CONTENTS

12

역사
HISTORY

PART

01

역사 HISTORY

낯선 곳에서 새로운 나를 만나다
나이 마흔을 넘겨 미국 유학길에 오르다
학교는 언제 세워지는 건가요?
비전을 가진 자, 지경을 넓혀라
상처 없는 성취란 없다

낯선 곳에서 새로운 나를 만나다

"새로운 곳은 언제나 인생을 다르게 보도록 돕는다."
— 조앤 바우어 —

우리나라에는 오랫동안 뿌리내린 고약한 정서가 하나 있다. 바로 지역감정이다. 정치권은 선거철만 오면 지역감정을 악용해 니 편이니 내 편이니 갈라치기를 일삼고, 우리나라 굵직한 양대 정당은 서로의 지역을 지지 기반 삼아 정적을 공격하는 데 몰두한다. 이에 편승하여 언론은 애향심을 고취한다는 핑계로 상대 지역에 대해 근거도 없는 흑색선전을 유포한다. "우리가 남이가?"에서부터 "니캉 내캉 이것뿐이 안 되나?"에 이르기까지 이미 남북으로 등허리가 잘려 나간 한반도에다 다시 세로줄을 그어 이등분한다.

20대까지 포항에서 나고 자란 필자 역시 뼛속까지 경상도 여자다.

'갱상도 가스나'라는 말을 듣고 자랐다. 그래서 오랫동안 이런 지역 감정에서 자유로울 수 없었다. 젊을 때는 솔직히 전라도 사람이라고 하면 왠지 거부감부터 들었다. 그리고 보면 지역감정의 망령이 얼마나 뿌리 깊은지 모르겠다. 나라고 별 수 있었겠는가? 보고 자라고 듣고 배운 게 그게 다였으니…. 그래서 환경이 중요하다. 아직도 홍어보다는 과메기가 더 좋은 내가 이렇게 반평생을 전라도 광양과 순천에서 아이들을 가르치며 전라도 교사들과 인연을 맺게 될 줄을 알았겠는가?

그나마 경상도에서 살 때는 지역감정 같은 거 전혀 의식하지 않고 지냈다. 이 좁은 땅덩어리에서 경상도니 전라도니 나누고 싸우는 게 이상하게 여겨졌던 건 남편을 따라 전라도로 이사 오고 나서부터였다. 처음엔 포스코 광양제철소로 발령 난 남편과 장거리 연애를 시작했다. 내가 20대 초반이었을 때 집이 갑자기 어려워지는 바람에 경기도 변두리로 이사를 가게 되었는데, 취직해서 쥐꼬리만 한 월급을 받아도 동생들 먹이고 입히고 나면 변변한 화장품 하나 살 돈이 없었다. 장거리 연애에 지친 남편이 하루는 결혼하자고 프러포즈를 했을 때 나는 뒤도 돌아보지 않고 승낙했다.

물론 그 시절에는 남자랑 손만 잡아도 당연히 결혼해야 한다고 생각하던 때였다. 나이도 어렸고 세상 물정도 몰랐다. 나름 꿈도 많고 욕심도 많았지만 이 남자가 궁벽한 현실에서 나를 건져줄 거라고 생각했던 것 같다. 무엇보다 동생들과 단칸방에서 어렵게 지내던 환경에서 탈출하고 싶었던 건지도 모르겠다. 나는 그렇게 아무것도 모른 채 남편을 따라 전라남도 광양에 신방을 꾸렸다. 시부모님이 집을 마련해주신 덕분에 신혼 때부터 셋집이 아닌 우리 집에서 살 수 있었던 건 지금 생각해도 참 감사한 일이다. 갓 결혼한 신혼부부치고는 출발이 썩 나쁘지 않았으니까.

나는 가만히 집에 앉아 살림만 하는 체질이 아니었다. 제철소 내에 광양제철유치원이 있었는데 당장 이력서를 넣었다. 제철소 내 유치원은 보수나 대우가 좋아 '유치원계의 삼성'이라는 별명이 있었다. 지금 정서로는 상상이 가지 않는 일이었지만, 당시만 해도 기혼자라고 하면 유치원 취직이 어려웠던 때였다. 원장 입장에서는 이직과 사직이 빈번하고 유치원 업무의 속성상 젊은 교사를 쓰지 괜히 나이 많고 애 딸린 유부녀를 쓰려고 하지 않을 수 있다. 그 당시 제철유치원은 전국의 유아교육과 출신들이 너나 할 것 없이 가고 싶어 하는 곳이었다. 그런데 결혼과 동시에 허니문베이비가 덜컥 생겨 첫 아이를 낳고 나서 이력서를 넣으니 될 리가 있겠는가. 당연히 떨어지고 말았다. 오기가 생겼다. 엄마를 닮아서 생활력 하나는 타고났기 때문에 남편이 벌어다 주는 월급 가지고 생활하고 싶진 않았다.

그런데도 내가 할 수 있는 일이 없었다. 남편은 이렇다 할 빽도 힘도 없는 말단 사원이었고 낯선 광양에서 둘러봐야 어디 비빌만한 언덕도 없었다. 생활정보지를 보고 일할 데를 찾고 있는데 일이 터졌다. 당시 나는 제철소 직원아파트 단지에서 살았는데, 앞집에서 살인 사건이 나는 바람에 집에서 살지 못하고 어쩔 수 없이 제철단지에서 벗어난 위성도시로 이사를 가야 했다. 그렇게 이주민들이 사는 동네로 이사를 하였다. 그 지역에는 작은 사립 유치원이 하나 있었는데 1층에는 버젓이 유흥업소가 있었다. 교육상 결코 좋은 환경이 아니었다.

그때 남편의 상사 한 분이 우리보다 먼저 광양에 와서 생활하고 있었는데, 우리를 잘 보셨는지 하루는 내게 제철소 주변에 유아 교육기관이 절실하게 필요하다고 운을 뗐다. 워낙 제철소 단지 내에 아이들이 많다 보니 제철유치원에 아이를 넣고 싶어도 한참을 대기해야 겨우 한 자리 비는 상황이란다. "준용 엄마, 유치원 선생님이었다며? 여기에 유치원이 하나 있으면 너무 좋겠다." 5~6살 애들이 갈 곳이 없단다. 시작하면 두 팔 걷어붙이고 돕겠다고 빨리 유치원을 열라고 성화였다. '솔직히 돈도 벌고 일도 할 수 있다! 첫째 아들 준용이도 내가 하는 유치원에 다니고 좋겠네.' 그분의 말이 틀리지 않았다.

그렇게 겁도 없이 아파트 단지 내 상가에 딸린 유치원 부지를 임대해 유치원을 열었다. 이름은 '혜화'라고 지었다. 1989년 3월의 일이다.

내 나이 스물일곱 살이었다. 나를 써주는 데가 없으니 내가 창업하겠다는 생각이었다면 굳이 유치원까지 열진 않았을 것 같다. 다만 7세 이전의 아이들이 배울 곳이 필요하다는 생각, 내 아들이라도 제대로 가르쳐야겠다는 의지, 학교에서 배운 지식을 어떻게든 현장에서 활용하고 싶다는 포부가 앞섰던 것 같다. 유치원을 할 때 내 생각은 간단했다. '전문성으로 승부하자. 다른 유치원이 하지 않는 것, 제철유치원도 할 수 없는 것을 하자.'

주변 사람들이 많이 놀랐다. 유치원도 사업인데 낯선 객지에서 할 수 있겠냐는 의구심이었다. 그런데 나는 자신 있게 말할 수 있다. 내가 전라도 광양에서 유치원을 세우지 않았다면, 그리고 순천에서 더힘스쿨을 세우지 않았다면, 결단코 교육자 이미향은 존재할 수 없었을 거라고 말이다. 이유는 하나다. 유치원과 더힘스쿨에서 지금도 나와 함께 교육의 꿈을 하나씩 이뤄가고 있는, 밤하늘에 별과 같이 빛나는 교사들을 바로 이곳 전라도에서 만났기 때문이다. 광양과 순천에서 '허벌나게' 좋은 교사들을 만난 건 하나님께 두고두고 감사하는 부분이다. 정말이지 세상 무엇과도 이 교사들을 바꾸고 싶지 않다.

사실 난 아직도 경상도 사투리를 쓴다. "어머 경상도 분이세요?" 내 말투를 듣고 학부모님들이 놀라서 묻는다. 지금은 경상도 물이 많이 빠졌다고는 하지만 그래도 여전히 입을 열면 사람들에게 내가 '갱상도 가스나'인 걸 여지없이 들킨다. 이제껏 전라도에 산 지 어언 37년이 되었건만, 틈만 나면 이곳 전라도에 내 **뼈**를 묻겠다고 농담 아닌 진담을 날리면서도 아직까지 경상도 촌년의 말투가 내 입에 남아 있다. 어쩌면 내 사고방식도 여전히 경상도식인지 모르겠다.

이렇게 전라도에서 경상도 사투리를 쓰는 여자로 살면서 겁도 없이 유치원과 초등학교를 세웠다. 충청도가 고향인 남편에게 가끔씩 묻는다. "여보, 이제는 나 전라도 여자 같아?" 그럼 옆에서 듣고 있던 남편은 피식 웃으며 농을 던진다. "갱상도 아지메가 진즉에 절라도 아짐씨 다 되부렀어야~." 어쭙잖은 남편의 전라도 사투리에 그만 웃음이 터진다. 그래, 난 전라도에 여전히 적응 중이다. ✿

나이 마흔을 넘겨 미국 유학길에 오르다

"교육은 노년을 위한 최고의 대비다."
— 아리스토텔레스 —

몬테소리와의 만남은 벼락처럼 이뤄졌다. 내가 이렇게 표현하는 이유는 몬테소리가 내 인생에 전혀 예상치 못한 나비효과를 일으켰기 때문이다. 나는 교육학을 전공하면서 몬테소리 교육을 처음 만났다. 마리아 몬테소리 여사의 일대기는 같은 여성 교육자로서 내 상황을 해석할 수 있는 전혀 새로운 시각을 선사했다. 그녀의 교육 철학은 어느새 내 삶의 지표가 되었고, 그녀의 저서는 내 서재의 보고寶庫가 되었다.

당시만 해도 한국은 몬테소리 교육에 있어 불모지나 다름없었다. 요새 흔히 해적판이라고 하는, 일본 전문가가 쓴 몬테소리 책을 엉성하게 번역한 카피본을 관심 있는 선생님들끼리 서로 나눠 읽고 발제하고 그렇게 공부했다. 책을 복사하고 그 책을 또 복사하다 보니 어떤 페이지에는 복사하다 잘못 찍힌 선생님 손바닥이 나오기도 했다. 어디에서 몬테소리 교구를 활용한 수업을 잘한다 하면 기를 쓰고 찾아가 배우려고 했다. 우리나라 '몬테소리 1세대'라 부르는 분들이 미국에서 단기 교육을 받고 어설프지만 열정 하나로 전해주던 식이었다. 몬테소리 교육을 알면 알수록 보다 체계적으로 배우고 싶은 열망도 점점 커졌다.

그러다가 좋은 기회가 왔다. 미국에서 교사로 있던 선생님이 여름방학에 한국에 나와 초등학교 과정을 강의한다는 거였다. 당시 우리나라에는 몬테소리 교육이 유아를 대상으로 한 유치원 교육에 한정되어 있었다. '미국에 몬테소리 초등학교도 있다고?' 난 깜짝 놀랐다. 당장 강의를 듣고 싶었다. 그렇게 한국 교사들에게 단기로 역사와 지리, 수학 등을 교육해 주는 프로그램이 광주 은성유치원에서 열렸다. 그 연수도 우리에겐 너무 귀해서 몇십만 원씩 내고 배워야 했다.

나 역시 예외가 아니었다. 그렇게 일주일이라는 짧은 기간 연수를 받으면서 나는 우리나라 학생들이 너무 불쌍하다는 생각이 들었다. 저런 탁월한 방법으로 교육을 받는다면, 아니 내가 어렸을 때 저렇게 수학을 배웠더라면 과연 어땠을까? 역사와 지리, 동물학, 수학, 언어

등이 왜 필요한지, 그것이 어떤 의미가 있는지, 그리고 각 학문은 어떤 방식으로 공부해야 하는지 원리를 아는 것에서부터 핵심에 도달하는 교육 과정을 차근차근 소개받는다면 우리 아이들은 지금보다 얼마나 달라져 있을까?

나는 연수를 받으면서 모든 게 궁금했다. 도대체 저들이 말하는 몬테소리 초등학교는 어떻게 생겼을까? 저 말이 과연 사실일까? 내 눈으로 직접 확인하고 싶었다. 매번 책으로만 접하는 몬테소리 교육이 아니라 직접 보고 듣는 몬테소리 교육이 절실했다. 며칠 동안 감질나게 연수를 받는 것도, 미국에서 학교를 보고 온 선생님의 이야기를 귀동냥하는 것도 그만하고 싶었다. 나는 몬테소리 교육의 고갱이를 취하고 싶었다. 그때 나를 일깨웠던 말씀이 있다. "구하라 그러면 너희에게 주실 것이요. 찾으라 그러면 찾을 것이요. 문을 두드리라 그러면 너희에게 열릴 것이니 구하는 이마다 얻을 것이요 찾는 이가 찾을 것이요 두드리는 이에게 열릴 것이니라." 마태복음 7장에 나오는 말씀이다. 나는 결단을 내려야 했다.

전남대 대학원을 졸업하고 3년이나 지난 마흔을 넘긴 나이에 미국으로 유학을 가기로 결심했다. 사실 나이도 나이였지만 내 발목을 잡는 현실적 장애물이 한두 개가 아니었다. 가장 먼저는 벌려놓은 유치원이 문제였다. 원장인 내가 없는 유치원이 과연 잘 돌아갈까? 원장이

자리를 비웠다고 학부모들 사이에서 나쁜 소문이 도는 건 아닐까? 만약 유치원이 망한다면 제아무리 본고장에서 몬테소리 교육을 배워온들 아무 곳에서도 써먹을 데가 없지 않을까? 그 다음으로 가족들 얼굴이 하나씩 떠올랐다. 나 없이 남편은 잘 지낼 수 있을까? 밥은커녕 라면 하나 끓일 줄 모르는 남편을 두고 내가 몇 년 동안 집을 비울 수 있을까? 연로하신 부모님도 걸림돌이 되었다. 오빠가 있었지만 맏딸을 크게 의지하시던 부모님께 어떻게 말씀을 드려야 할까?

2005년, 이런 모든 걱정과 문제를 뒤로 하고 나는 어린 두 아들을 데리고 도미했다. 영어도 서툴고 한국 음식 없으면 밥을 못 먹던 내가 나이 마흔 넘겨서 유학을 간다니 주변에서는 정신 나갔다는 소리가 나왔다. 주저앉아 고민하기보다 그냥 결단하고 바로 움직였다. 혜화유치원은 박숙 원감에게 맡겼다. 유치원을 세운 지 20년 동안 유치원 살림이 나아지기도 했다. 세 들어 있던 곳에서 새로 지은 건물로 이전도 했고, 아이들이 없어서 만성 적자에 시달렸던 유치원에는 이미 270명이 넘는 원아가 다니고 있었다. "원감님, 이제 원감님이 원장님이에요. 부디 혜화유치원을 잘 부탁합니다." 어쩌면 박 원감이 있었기 때문에 그나마 내 고민의 시간이 짧아졌다고 확신한다. 30년 넘게 내 곁에서 교사로 있어 주었던 박 원감은 사실 원장이나 다름없었다. 그때도 그렇게 생각했고 지금도 그 생각에는 변함이 없다.

한여름의 길목에 들어선 5월 어느 날, 난 미국 LAX공항에 도착했다. 도착한 다음 날 나는 바로 차를 한 대 렌트했다. 차를 타고 서부 전역의 학교들을 둘러볼 계획이었다. 겁이 안 났다면 거짓말이겠지만, 누구보다 자신감이 있었다. 자신을 신뢰하는 마음은 일생을 살아가는 데 필요한 기초 체력이 된다. 자신감이 있으니 도전하고, 도전하면 언제나 다음의 길이 펼쳐진다. 인생은 내 운명과 손을 맞잡고 환경이라는 음악에 맞춰 추는 한편의 왈츠와 같다. 지레 겁을 집어먹고 첫발을 떼지 않으면 다음 스텝은 밟을 수 없다. 내가 운명을 리드하지 않으면 운명이 내 삶을 리드하게 된다. 스텝이 꼬이고 넘어지더라도 괜찮다. 그 실패의 경험을 내 것으로 만들고 다시 툭툭 털고 일어나 다시 왈츠에 몸을 맡기면 된다.

내비게이션이 보편화되지 않은 시기였기에 손에 지도 하나 달랑 들고 직접 차를 몰아 캘리포니아 일대를 돌며 몬테소리 학교를 비롯한 여러 공립, 사립학교를 둘러봤다. 당시 초등학교 3학년이었던 막내를 데리고 유명한 학교들, 특별한 프로그램마다 등록하여 견학했다. 유치원에서 고등학교까지 계속 리서치를 진행했다. 영어가 안 되니 일단 미주 한인교회 유학생 한 명에게 통역을 부탁했다. 많은 프로그램을 보고 듣고, 특히 몬테소리 학교를 집중해서 보았다. 그때의 견문을 토대로 지금의 더힘스쿨이 설립되었고 운영되고 있다.

나는 미국 초등학교를 보다 깊이 들여다보고 싶었다. 2007년, 아는 친구에게 부탁해서 오하이오 주에 있는 더뉴스쿨이라는 학교에 인턴으로 가게 되었다. 더뉴스쿨은 철저하게 몬테소리 철학을 실천하는 모범적인 학교였다. 50일 정도 호텔에 머물며 아침마다 학교에 출근했다. 몬테소리 초등학교가 무엇을 추구하는지, 교구만 가지고 노는 게 아니라 교육 철학에 어떤 내용이 있는지, 교사는 어떤 원리에 따라 교실을 운영하는지, 몬테소리 교육 과정은 어떻게 구성하는지 하나에서 열까지 모든 걸 알고 싶었다. 관계자가 해주는 말을 듣고, 자료와 보고서를 수집하고, 수업 내용을 직접 사진으로 찍고 기록으로 남겼다.

시차는 있지만 나는 몬테소리 교육의 하버드라고 불리는 제비어대학 석사과정에 진학했다. 내가 선택한 과정은 초등 교육을 중심으로 과목이 구성되어 있었다. 이 과정은 나를 몬테소리 초등 과정에 더욱 매료되게 하였고 결국 몬테소리 초등학교를 설립하도록 이끌었다. 강의를 들을 때마다 가슴이 벅차올랐다. 특히 주임교수였던 지나 선생님의 과목들은 나에게 많은 영감을 주었다. "여러분이 만나는 학생은 여러분이 생각하는 것보다 훨씬 유능하고 가능성이 있음을 믿어야 합니다. 교육은 이 믿음으로부터 시작되기 때문입니다." 전까지 나는 학생들이 나보다 부족하고 연약하여 언제나 도와야 한다고 생각했었다. 어떻게 말하면 아이들을 진심으로 믿지 못했던 것이다. 그녀의 강의를 들으면서 나는 펑펑 울었다. 그랬다. 교육자로서 부끄러워서 울었고 아이들에게 미안해서 울었다.

미국에 있으면서 처음에 난 더힘스쿨을 미국에 설립하고 싶었다. 그 이유는 우리나라 가정이 영어 교육 때문에 미국에 아이를 보내놓고 대부분 기러기 부부가 되어 자녀를 잘 보지도 못하고 사는 경우를 종종 보았기 때문이다. 그 과정에서 아이는 아이대로 범죄로 탈선하거나 마약에 노출되고, 부부는 서로 사이가 벌어져 이혼 도장을 찍는 최악의 상황도 적지 않다. 그런데 유학원과 현지 영어 프로그램을 둘러보고는 마음을 접었다. 미국 유학의 현주소는 암담했다. 우선 엄마가 영어가 안 되니 아이를 한국인이 운영하는 교육기관에 보낼 수밖에 없다. 그런데 교육기관의 면면을 들여다보니 장소만 미국이지 운영 방식은 한국 사교육을 그대로 떠다가 이식한 것에 불과했다. 결국 한국인들이 현지 원어민을 고용해서 운영하는 한국 학원 그 이상도 그 이하도 아니었다. 엉터리 교육이다!

결국 한국에서 아이를 미국으로 유학 보낸 부모들은 자신이 경험했던 한국의 교육관을 갖고 그게 교육의 전부라고 생각하고 있었다. 따지고 보면 전문가도 아닌 비전문가가 세운 학교(사실 학교도 아닌 곳이 적지 않다!), 극성맞은 한국의 교육열을 만족시키기 위한 각종 프로그램, 본질이 없는 교육 비즈니스에 순진한 한국 엄마들이 엄청난 돈을 쏟아붓고 있었다. 돈만 허비한다면 그나마 낫다. 그런 곳에 자신의 아이를 맡긴다면 그 아이는 과연 어떤 성인으로 자랄까? 아찔했다. 돌아가자! 한국에서 미국에 있는 어느 몬테소리 학교보다 더 훌륭한 초등학교를 만들자. 몬테소리 초등학교를 설립하기 위해 준비한 시간은 이전부터 10년이 넘는다. 그렇게 미국에서의 삶을 마감하고 나는 다시 한국으로 돌아왔다. 그리고 하나님은 나에게 엄청난 계획을 갖고 계셨다는 사실을 깨달았다. ❖

학교는 언제 세워지는 건가요?

"학교는 네 개의 벽으로 내일을 담아둔 건물이다."
— 론 워터스 —

어느 해 초봄이었나 보다. 저녁 날씨가 쌀쌀했던 기억이 있는 걸 보면 아직 완연한 봄은 아니었던 것 같다. 유치원 업무를 마치고 막 퇴근하려던 중에 전화 한 통이 걸려 왔다. 핸드폰 창을 보니 '도원맘'이라고 적혀 있었다. 무슨 일일까? 전화를 받아보니 도원이 엄마의 쾌활한 목소리가 전화선을 타고 내 고막을 유쾌하게 간질였다. "원장님, 잘 계시죠? 저한테 시간 좀 내주세요." 다짜고짜 만나서 이야기하자는 말에 약속을 잡고 반가움 반 호기심 반으로 만나러 갔다.

약속한 ××프레소라는 시내 카페에 나가보니 도원이 엄마만 아니라 아빠까지 나와서 나를 기다리고 있었다. 두 사람은 마치 선생 앞에 선

학생처럼 가지런히 두 손을 모으고는 매우 심각한 얼굴로 앉아 있었다. 조용한 장소를 찾아 카페 깊숙한 곳으로 옮겨 앉으면서 우리의 이야기는 시작되었다. 오랜만에 만난 도원이 엄마와 그간 못 나눴던 이야기꽃을 피우며 서로의 안부가 오갔다. 그렇게 서로의 근황을 묻다가 엄마는 단도직입적으로 말문을 열었다. 아들 도원이가 광양 혜화유치원을 무사히 졸업하고 시내에 있는 일반 공립학교를 다닌다면서 사뭇 걱정이 가득 담긴 목소리로 말문을 열었다.

"원장님, 우리 도원이가 2학년이나 됐습니다."
"아, 그래요? 맞아요. 벌써 그렇게 되었네요."
"원장님께서 학교를 세우신다고 하셔서서 우리들은 눈 빠지게 기다리고 있습니다. 대체 언제쯤 학교가 올라가죠?"
"…네?"

나는 깜짝 놀랐다. 아무 준비 없이 있다가 사정없이 머리통을 한 대 얻어맞은 기분이었다. 난 전혀 몰랐다. 내가 학부모들과 나눴던 비전, 내가 어렵게 뱉었던 약속을 도원이네가 기억하고 있었다니. 그뿐만 아니라 내 결단을 기다리고 있었다니. 도원이네가 진심이라면 난 그동안 약속을 지키지 못한 싱거운 사람이었구나. 갑자기 내가 실없는 사람이 된 것 같아 당장 쥐구멍에라도 들어가고 싶은 마음이었다. 당장 이렇다 할 약속은 하지 못하고 그날은 그렇게 자리를 파했다. 헤어지며 돌아서는데 도원이네 부모가 내 등 뒤에 대고 다시 간곡하게 부탁했다.

"원장님, 도원이를 위해 꼭 학교를 세워주세요."
"…."

서로의 안부를 염려하며 헤어졌지만, 나는 얼굴이 상기되고 온몸이 오그라드는 듯 살짝 가슴저림을 느꼈다. 그들이 내 시야에서 사라질 때까지 그렇게 한 자리에 우두커니 서서 멍하게 있었다. 솔직히 그때까지만 해도 학교 설립은 나한테 어울리지 않는 옷이라 생각해 잠시 접어둔 꿈이기 때문이었다. 변명이라도 하자면, 이 땅에 이미 많고 많은 학교가 있는데 또 하나의 학교를 더한다면 이건 정말 의미 없는 소모전이라 생각했다. 무엇보다 학벌도 변변치 않고 재정도 넉넉지 않은 내가 할 수 있는 일은 아니라고, 아니 나 같은 그릇으로 품기에는 너무 크고 원대한 비전이라고 그렇게 자위하며 이전 유치원 학부모들에게 했던 약속은 어느새 까맣게 잊어버렸었다.

'이들은 기다리고 있었구나. 학교가 세워지기를….'

도원이네를 만난 이후, 나는 왠지 모를 불안감과 초조함이 생겨나기 시작했다. 그들의 당부가 나에게 오롯이 부담으로 다가왔는지 밥을 먹다가 체하기도 했다. 솔직히 자신 없었다. 아니, 지금 누리는 안정을 깨고 싶지 않았다. 지금까지 성공적으로 유치원을 운영해왔고 남편은 나름대로 사업도 잘하고 있었고 아이들은 모두 무탈하게 자라주었다. 흔히 50세가 넘으면 어디 오라는 데도 반겨주는 데도 없다는데, 매일 나갈 일터가 있고 평생 교육자로 살아온 보람과 명예도 있으니 이만하면 나쁜 인생은 아니라고, 그동안 앞만 보고 너무 열심히 살아왔던 나에게 이제는 지나온 길을 돌아보며 유유자적 삶을 즐길 수 있는 여유를 갖고 싶다고 버릇처럼 말하지 않았던가? 그런데 이제 와서 무슨 바람이 불어 뜬금없이 학교를 세운다는 허세와 만용을 부리고 있단 말인가?

머리가 복잡했다. 그렇게 내 안에 나와 내적 갈등을 벌이고 있던 어느 날, 또 다른 학부모 한 분이 유치원을 찾아왔다. 작년에 유치원을 졸업한 승민이 엄마였다. 어머니의 예고 없는 방문에 교사는 반색하고 원장실로 그녀를 안내했다. 30대 후반의 눈빛이 깊고 순한 얼굴의 승민이 엄마는 소파에 앉자마자 나를 보더니 갑자기 울음을 터뜨렸다. 너무 놀라 무슨 일이 있었냐고 물어보았지만, 엄마는 울음을 좀처럼 그치지 못했다. 나는 진정하라는 의미로 따뜻한 차를 한 잔 타다가 엄마에게 건네고는 꼬옥 안아주었다. 그제야 눈물을 삼키며 배시시 웃는다.

"원장님, 놀라셨죠? 제가 너무 답답해서 누구에게 털어놓을 수도 없어 원장님을 이렇게 찾아왔어요."

"네, 잘 왔어요. 무슨 일이에요?"

승민이 엄마는 그간 마음 깊은 곳에 꾹 참아왔던 이야기를 봇물 터지듯 털어놓았다. 엄마의 이야기는 이랬다. 승민이가 초등학교에 들어가고부터 머리가 빠지기 시작하였다고 한다. 개구쟁이긴 했지만 밝고 건강한 아이였기에 엄마는 너무 놀랐다고 한다. 초등학교 입학식 전날에는 학교를 빨리 가고픈 마음에 가방을 메고 잠을 청할 정도였는데, 어느 날부터 갑자기 학교를 가지 않겠다고 말하더라는 것이다. 이유는 선생님이 무서워서라고 했단다. 아마 모르긴 몰라도 활발하고 매사에 적극적이었던 승민이에게 선생님이 좀 엄하고 매섭게 대했던 모양이다.

"엄마, 선생님은 나만 혼내. 내 옷을 끄집어 당기고는 억지로 앉히면서 혼자 자리에 앉으래. 학교 안 가면 안 될까? 엄마, 선생님이 마녀 할머니 같아."

그러고는 승민이 엄마는 내 앞에서 다시 울음을 터뜨렸다.

"원장님, 우리 아들 어떡해요. 이제 1학년인데 우리 아들 어떡해요."

승민이 엄마는 학교에 안 가겠다고 떼를 쓰는 아들을 어떻게 해야 할지 몰라 달려왔지만 나 역시 뾰족한 방법이 없어서 답답한 노릇이었다. 그저 공감만 해줄 뿐 어떤 조언이나 대안도 주지 못한 채 엄마를 돌려보냈다. 그날 나는 멍하니 앉아서 아무 일도 하지 못했다. 승민이를 생각하니 가슴이 먹먹해졌다. 그렇게 해 맑던 아이가 겪었을 어려움을 생각하니 당장 아무런 도움도 줄 수 없는 내 자신이 원망스러웠다. 공룡과도 같은 공립학교에 맞서, 선생님의 절대적 권위 아래 부모도 아이들도 그 서슬에 추풍낙엽처럼 나자빠지고 있는 상황을 어떻게 해야 할지 이런 상황이 답답하기만 했다. 어떻게 해야 할까? 이대로 있어도 될까?

나는 운동회 때 100미터 달리기를 눈앞에 둔 초등학교 소녀마냥 벌벌 떨었다. 반드시 해야 할 일을 하지 않았을 때 생기는 그 초조함이 나를 힘들게 하기 시작했다. 이전에 없던 새로운 학교, 몬테소리 이념으로 가르치는 학교, 아이들의 전인적 발달과 창의성을 끄집어내어 줄 수 있는 살아 있는 학교를 설립하겠다는 꿈을 부모들이 기다리고 있었다니. 운동장 스탠드에서 모두가 출발선에 서서 총성을 기다리고 있는 소녀를 바라보고 있었다. 이루 말할 수 없는 부담감이 밀물처럼 밀려왔다. 엄마들의 무언의 응원과 함성이 환청처럼 내 귀에 들리는 것 같았다. "학교는 언제 세워지는 건가요?"

나는 기도하는 사람이다. 이거 하나는 확실했다. 그래, 내가 잘하는 건 기도밖에 없다. 그래서 어김없이 무릎을 꿇었다. '하나님, 저보고 어쩌라구요. 저는 부족합니다. 재벌 딸도 아니고 명문대 나온 사람도 아니고 이렇게 나이도 많잖아요. 남편과 애들은 어떡하구요? 저 아니면 안 되겠습니까?' 어느 순간 기도가 아니라 하나님께 떼를 쓰기 시작했다. '학교, 많잖아요? 전국에 이렇게나 많은데 왜 저에게 요구하시나요? 왜요? 정말 너무하십니다.' 이렇게 하지 않겠다는 떼를 쓰면서도 실은 학교 설립을 위해 10년 넘도록 준비하고 있었다. 10년이면 강산도 변한다는데 초등학교를 설립하겠다는 꿈은 시간이 갈수록 내 눈앞에 더 명확히 보였다. 그렇게 눈을 감으면 사명이고 눈을 뜨면 현실이었다.

하루는 눈물을 쏟으며 기도로 매달리고 있는데 갑자기 귀가 먹먹해지면서 마치 계시처럼 모든 게 내 눈앞에 분명하게 드러났다. '그러면 이 땅의 아이들이 계속 이런 교육을 받도록 놔둘 거니? 다음 세대에 대한 소망을 가지고 기도하고 준비하지 않았니?' 그리고 하나님이 주신 꿈에 나태했던 내가 보였다. 나름 잘 나가는 유치원 원장이었고, 대학의 겸임교수였고, 내 형편에 충분한 명예와 일복을 가지고 있다는 생각에 나를 무책임하게 떠내려 보냈던 건 아니었을까? 이대로 충분하다, 이만하면 족하다, 나 말고 더 훌륭한 다른 분이 하시겠지, 나보다 더 잘하시겠지, 우리나라에서 몬테소리 초등학교라니….

"나는 입이 뻣뻣하고 혀가 둔한 사람입니다. 보낼만한 사람을 보내십시오." 그러고 보니 모세의 핑계가 내 핑계였다. 기도 가운데 음성은 점점 또렷하게 들렸다. "누가 사람의 입을 지었느냐? 누가 말 못하는 자나 못 듣는 자나 눈 밝은 자나 맹인이 되게 하였느냐? 나 여호와가 아니냐? 이제 가라, 내가 네 입과 함께 있어서 할 말을 가르치리라." 광야에서 모세가 불붙은 떨기나무 가운데 만났던 여호와가 그날 내 기도 가운데 임했다. 나는 기도하다가 납작하게 엎드러져 그렇게 죽은 사람처럼 있었다. 그냥 잘못했다고 펑펑 울 뿐이었다. 너무 심하게 울다가 눈이 퉁퉁 부어서 동료 교사들이 다들 무슨 일이 있는지 물어보았다. '그래, 내게 능력 주시는 자 안에서 내가 모든 것을 할 수 있다.' 그리고 어디선가 들리는 총성 한 발. 탕! 나는 머리 질끈 동여맨 소녀처럼 그렇게 달리기 시작했다. ❧

비전을 가진 자, 지경을 넓혀라

"주께서 내게 복에 복을 더하사 나의 지경을 넓히시고
주의 손으로 나를 도우사 나로 환난을 벗어나 근심이 없게 하옵소서."
— 야베스의 기도(역대상 4장 10절) —

동티모르에 선교사로 간 김진수 목사님이 나에게 선물로 준 책이
한 권 있다. 『갈대상자』라는 책이다. 1995년, 내 고향이기도 한 포항
에서 한동대를 세운 김영길 전 총장의 아내 김영애 권사가 쓴 책이다.
책을 읽으며 말 그대로 단 한숨도 잠을 이루지 못했다. 첫 장을 펼쳐
읽다가 마지막 페이지를 덮을 때까지 그 자리에 앉아 다 읽고 말았다.
어떤 부분은 눈물이 앞을 가려 미처 페이지를 넘기지 못하고 울면서
기도했다. 책을 읽으며 너무 내 신앙이 부끄러웠고, 온갖 어려움을 극
복하고 대학을 건립한 과정이 더힘스쿨을 세우고자 하는 과정에서 갈
등하던 나를 자극하기에 충분했다.

한동대의 설립 과정은 그야말로 하나님의 섭리가 드러난 역사였다. 부지를 보고 기도하며 대학을 세우는 도중에 개교를 얼마 앞두고 이전 법인에 문제가 생기며 계획 자체가 엎어질 뻔한 위기도 있었다. 대학을 세우겠다는 꿈을 듣고 모두가 비웃었다. 비방하는 무리와 조롱하는 세력이 넘쳐났다. 우여곡절 끝에 대학이 세워졌다. 아무도 거들떠보지도 않던 대학이 설립자의 위대한 신앙의 힘으로 우리나라 최초로 무전공 무학과 입학 시스템을 도입하고 선진적인 다복합 학부제를 시행하는 세계적인 크리스천 학교로 거듭났다.

나는 책을 읽으며 기도로 확신을 얻고 더힘스쿨을 세울 학교 부지를 보기 시작했다. 3년 정도 전국을 다녔던 것 같다. 등 떠밀려 일한다는 말이 딱 맞는 표현일지도 모른다. 매일 매일 마음이 바뀌었다. 이리저리 오락가락하는 나를 보다 못한 남편이 옆에서 한마디 한다. "여보, 기도해. 당신 지금 기도할 때야." 그러면 다시 엎어져 기도했다. 그 와중에도 무슨 믿음에선지 땅은 계속 보러 다녔다. 어떤 곳은 계약금까지 다 걸었는데 갑자기 다음 날 주인이 변심해서 위약금까지 물고 계약을 파기하겠단다. 혹시 이게 하지 말라는 계시일까? 몇 번이나 계약이 엎어지자 갑자기 위축됐다. 그때까지도 '할 수만 있다면 이 잔을 지나가게 하소서.'라는 마음이었는지 모르겠다. 한 번은 좋은 곳이 있다고 해서 어렵게 찾아갔는데, 처음 부르는 값보다 더 부르는 게 아닌가. 그래도 기왕 먼 걸음 했는데 계약금을 주면서 계약이 어그러질까 봐 바로 중도금을 바로 지불하겠다고 했다. 그런데 이번에도 갑자기 우릴 보더니 주인이 땅을 안 팔겠다고 으름장을 놨다. 그렇게 계약과 파약을 여덟 번 정도 오가고 나서 우여곡절 끝에 지금의 순천 캠퍼스 부지를 찾게 되었다.

지금 생각해도 순천시 해룡면 정채봉길 현 부지는 하나님이 정해주신 젖과 꿀이 흐르는 땅이 분명하다. 고인이 되신 광영중앙교회 서명길 목사를 모시고 아무것도 없는 허허벌판에서 예배를 드리고 드디어 첫 삽을 떴다. 길도 없는 야산을 깎아 도로를 내고 평탄화 작업을 거치면서 학교 건물을 올리는 데에도 상당한 비용이 들었다. 그래도 남편과 내가 여기저기 돌아다니며 은행에서 대출해서 어렵사리 마련한 자금으로 학교와 유치원을 설립하였다. '10억이면 순천에 맥도날드 매장 하나를 연다는데, 내가 그렇게 맥도날드 다섯 개를 세울 수 있는 사재를 털어 학교를 세운다.' 농담 삼아 말해도 계산이 서지 않는 투자임에는 틀림없다. 위치 또한 산꼭대기에, 그것도 물도 길도 없는 곳에 건축을 한다고 하니 주변에서 다들 거긴 아니라고 말렸다. 그래도 나에게는 하나님이 계시지 않은가. 지금 와서 보니 이 지역이 몇 년 뒤 신대지구로 대대적인 부동산 개발이 이뤄지면서 땅값이 천정부지로 올랐다. 아무것도 모르고 뛰어들었는데 지금 더힘스쿨 주변은 온통 깎이고 닦이고 개발되면서 말 그대로 신도시가 되었다. 그야말로 상전벽해가 따로 없다.

이보다 더 드라마틱한 이야기는 수지 캠퍼스를 세울 때다. 2019년 어느 날, 평소처럼 퇴근을 준비하고 있는데 전화가 걸려 왔다. 이송자 원장의 전화였다. 이 원장은 토브-엠이라는 몬테소리 교육을 사랑하는 사람들의 모임에서 만난 분으로 오가며 함께 몬테소리 초등학교의 비전을 나누던 사이었다. 자신도 몬테소리 초등학교를 세우는 비전을 가지고 순천까지 찾아와서 초등 몬테소리 교육을 배우던 분이었다. 이 원장은 전화로 다짜고짜 경기도에도 몬테소리 초등학교가 필요하다고 운을 뗐다.

"원장님, 순천에 학교를 세웠으니 노하우도 있고 쉬울 거잖아요? 경기도에서 문의가 많이 오는데 순천은 너무 멀고 하니 이쪽에서 제2의 더힘스쿨을 해보는 건 어때요?"

갑작스런 제안에 어안이 벙벙했다. 물론 순천 캠퍼스에 아이를 보내려고 서울이나 경기도에서 아예 이사를 오는 가정도 있기 때문에 언제나 윗동네에도 몬테소리 초등학교가 하나 있으면 좋겠다 싶었다. 이 원장과는 이미 그런 이야기를 여러 차례 나누긴 했지만 그 당사자가 내가 될 줄은 상상도 하지 못했다.

"둘째 자부가 서울 사람이고 해서 경기도에 원장님이 학교를 하시면 우리 유치원 졸업생들도 갈 수 있고 좋을 거 같은데… 어때요? 제가 수지 동천동 쪽에 땅이 하나 있는데 나는 가족들이 다른 방향으로 가고자 하니 학교는 어려울 것 같아요. 원장님이 거기에다 몬테소리 초등학교를 세우시면 어떨까요?"

갑자기 소름이 돋았다. 순천 캠퍼스가 어느 정도 안정궤도에 진입했다고 생각하며 안주하던 나에게 하나님께서 말씀하고 계셨기 때문이다. '미향아, 거기서 머무르면 안 된다. 나를 믿고 지경을 넓혀라.' 사실 그 지경은 이 원장이 일찍이 몬테소리 초등학교를 세우려고 미리 사두었던 땅이었다. 일의 전후 상황도 그렇고 해당 부지의 시세도 그렇고 당연히 거절할 수밖에 없는 상황이었다. 당시 부지는 평당 천만 원을 호가하고 있었기 때문에 내 형편으로는 도저히 감당할 수 없는 수준이었다. 그러나 이 원장은 완강했다.

"원장님이 몬테소리 초등학교의 적임자예요. 땅값은 내가 살 때 들어갔던 금액만 딱 받고 나머지는 기부할테니 원장님이 꼭 학교를 세워줘요."

사실 말이 안 되는 제안이었다. 한 푼이라도 더 받으려고 하는 게 세상의 이치고 인지상정인데, 3배 이상 오른 311평에 대한 땅값을 안 받고 나에게 원가에 넘기겠다니 말이다. 여기에는 이 원장의 평소 소신이 깔려 있었다. 본인이 운영하는 유치원의 학부모들이 수년 내에 몬테소리 초등학교를 세우겠다는 원장의 말만 믿고 기다리고 있다는 거였다. 지금은 더힘스쿨이 많이 알려지면서 각지에서 방문하고 견학도 오지만, 그때만 해도 그렇게 비전을 갖고 투자를 할 수 있는 상황이 아니었다. 그런 중에도 하나님과 사람 앞에 믿음을 가지고 귀한 제안을 해준 이 원장의 깊은 마음이 너무 고마웠다. 얼떨떨한 제안을 받고 잠시 귀를 의심하다가도 '아, 원장님이라면 당연히 이러실 수도 있겠다.'는 확신이 생겼다.

"생각할 시간을 좀 주세요."

경기도에 제2 캠퍼스가 생기면 너무 좋겠지만, 현재 형편으로 그건 언감생심이었다. 그렇게 날 믿고 선뜻 땅을 내주는 분에게 감사할 따름이었다. 오랫동안 나를 보아왔기 때문에 돈 문제에 대한 기본적인 신뢰가 있었던 거 같다. 사람이 염치라는 것도 있어야 하지 않겠나 싶었다. 생각이 복잡해졌다. 이것도 하나님의 부르심일까? 나는 다시 무릎을 꿇었다. 그렇게 기도를 드리고 다음 날 이 원장에게 전화를 걸었다. 최대한 이른 시간에 돈을 마련하여 드리는 것이 예의일 거 같다고, 많이 기다리게 해드리진 않겠다고.

하나는 땅을 담보로 대출을 받고 다른 하나는 적금을 깨서 나머지 잔금을 마련했다. 부지 대금은 이래저래 마련한다 하더라도 아무것도 없는 상황에서 건축 비용은 어떻게 마련했을까? 신용보증기금을 통하여 대출을 받으려 했더니 당시 건물을 짓기 위해 대출한 이들 중에 상환을 하지 못하는 업자들이 많다며 보기 좋게 문전박대를 당했다. 그렇게 막막해하고 있을 때 기도했더니 기적이 일어났다. 더힘스쿨의 커리큘럼과 교육 콘텐츠가 스타트업의 요건이 될 수 있다는 이야기를 한 은행 관계자에게 듣게 되었다. 그렇게 자료를 부랴부랴 만들어 기술보증에다 제출했다. 나는 학교를 세우면서 기술보증에 가겠다는 생각은 1도 하지 못했는데, 삽시간에 모든 장애물이 걷히며 돈이 나왔다. 은행에서 건물을 담보로 잡고 예산의 80퍼센트까지 대출을 해주겠다는 것이다. 이것이야말로 기적이 아닌가? 할렐루야! 나는 하나님께 감사의 기도를 드렸다.

그렇게 나는 기적적으로 더힘스쿨의 지경을 넓힐 수 있었다. 이듬해 1월 5일 눈이 한없이 내리던 겨울, 고 서명길 목사의 아들 서승걸 목사를 모시고 착공 예배를 드리며 지경을 넓혀 달라는 야베스의 기도를 드렸다. "주께서 내게 복에 복을 더하사 나의 지경을 넓히시고 주의 손으로 나를 도우사 나로 환난을 벗어나 근심이 없게 하옵소서." 하나님께서 하시는 일이면 더 이상 두려워할 것은 없다. 내 자신을 속이거나 남을 속이고 하나님을 속이는 것만 하지 않으면 된다. 가끔 내면과 끊임없는 싸움이 존재하는 것도 사실이다. 하지만 명예, 무엇보다 재물에 넘어가서는 안 된다.

2021년 11월 13일, 드디어 수지 캠퍼스 개교 예배를 드렸다. 내가 섬기는 광영중앙교회에 새로 부임한 조기민 목사가 개교 예배를 통해 '살아온 기적, 살아갈 기적'이라는 제목으로 설교를 하셨다.

개교 예배는 하나님의 역사와 경륜을 보는 자리였다. 참석한 모두가 하나님께서 놀랍게 행하신 일 앞에 감사하며 감격과 눈물의 예배를 드렸다. 그렇다. 우리가 살아온 것도 하나님의 은혜가 있는 기적의 시간이요, 앞으로 살아갈 시간도 기적의 연속이리라. 그때 나는 알았다. 이 모든 게 하나님의 원대한 계획의 일부였음을. 하나님께서 정말 우주의 주관자로서 꿈 너머의 꿈을 꾸게 하고 이를 이뤄가게 하시는 분임을 알게 되었다. ❖

상처 없는 성취란 없다

"성공은 고통을 극복하는 능력에서 탄생한다."
— 앤드류 카네기 —

흔히 자전거는 넘어지면서 배운다는 말이 있다. 자전거 안장에 앉아 백날 제자리에서 발을 구른들 자전거 타기는 요원해진다. 몇날 며칠을 무릎에 피멍이 들고 팔꿈치가 까져야 자전거 위에서 균형을 잡을 수 있다. 자전거 타기는 균형에서 불균형으로, 안정에서 불안정으로 이동하는 과정이다. 가장 안정적인 자전거는 제자리에 가만히 서 있는 자전거다. 몸을 비틀고 페달을 굴러 균형을 깨트릴 때 비로소 자전거는 서서히 앞으로 나아갈 수 있다. 신기하게 한 번 익힌 자전거는 아무리 오랜만에 타도 안장에 앉자마자 금세 몸이 반응한다. 이 자동화 단계에 도달하기까지 내 몸은 얼마나 맨땅을 구르고 넘어지기를 반복했을까? 시간 날 때마다 더힘스쿨 학생들에게 언제나 강조하는 부분이다.

스키를 처음 배웠을 때가 생각난다. 평생 스키를 한 번도 타보지 않은 사람은 자기가 조금만 배우면 금세 초보 딱지 떼고 가파른 언덕을 종횡무진 미끄러지며 쏜살같이 활강할 수 있을 거라고 상상한다. 하지만 그런 기분 좋은 상상은 순간 로보캅이 된 것 같은 육중한 부츠가 스키 위에 '딸깍' 하고 장착되었을 때 여지없이 깨지고 만다. 앞으로 고꾸라지고 뒤로 벌러덩 나자빠지기를 몇 번 반복하다 보면 일순간 자신이 걸음마도 채 떼지 못한 바보가 되어버린 것 같은 자괴감에 빠진다. 얼마나 눈밭을 기어 다녔으면 매서운 눈보라가 휘날리는 한겨울에도 스키복 안은 김이 모락모락 날 정도로 땀이 흥건하다.

그래도 기왕 배우기로 마음먹은 거 네가 이기나 내가 이기나 한번 해보자는 심정으로 심기일전하여 다시 고글을 고쳐 쓴다. 거의 평지나 다름없는 초급자용 슬로프에서도 넘어지지 않으려고 발버둥 치는 필자를 보고 스키 강사는 "스키는 넘어지는 법부터 배우는 것입니다."라고 말한다. 듣고 보니 참으로 야속한 말이다. 지금 제대로 일어서지도 못하는 사람에게 넘어지라니, 그것도 '쾅당' 넘어지라니 이 무슨 해괴한 교육이란 말인가? 그게 무슨 말인지 모르니 강사가 그냥 밉게만 느껴진다. 열심히 양다리에 힘을 주어 스키를 A자로 만든다. 마음처럼 앞으로 나가지 않는 답답한 스키에 폴대로 애꿎은 바닥만 퍽

픽 찍고 있다.

"넘어지세요. 넘어져요." 애타는 강사의 목소리가 들린다. 난 덜덜 떨리는 두 다리에 필사적으로 힘을 주고 버티기에 들어간다. 허리를 구부정하게 구부리고 어깨에 한껏 힘이 들어가다 보니 양손에 쥔 폴대는 어느새 지면과 거의 수평을 이룰 정도로 누워버렸다. 그런 나를 보고 뒤에서 강사가 답답하다는 듯 다시 소리친다. "넘어지세요, 선생님. 넘어져야 합니다." 나더러 자꾸 넘어지란다. 그것도 넘어지려면 와장창 넘어지란다. 그런데 조금 시간이 지나자 넘어지는 게 앞으로 나아가는 것보다 훨씬 어렵다는 걸 깨닫는다. 점차 넘어지는 것에 두려움이 사라지니 내 스키가 자연스럽게 눈 위를 미끄러지듯 지나갔다. 맞는 말이다. 스키와 자전거는 넘어지면서 배운다. 넘어져야 일어날 수 있고 일어나야 탈 수 있다.

모든 성취에는 응분의 상처가 동반된다. 더힘스쿨 순천 캠퍼스를 처음 설립했을 때 나는 다시 한 번 이 말의 의미를 깨달았다. 몬테소리 교육을 받으면서 알게 된 한 재미교포 선생님이 있다. 나와 비슷한 나이의 그녀는 제비어대학에서 교육학 석사를 마쳤고 미국 현지에서 몬테소리 초등학교 교사로 일하고 있었다. 그녀는 지적으로 탁월했고 수업도 열정적이었다. 무엇보다 그녀의 수업은 유치원으로 지친 나에게 새로운 사고의 자극과 계발을 주었다. 나만큼 몬테소리 교육 철학을 사랑하고 아끼던 사람이었다.

먼 타지에서 같은 한국인을 만난다는 게 얼마나 반가운 일인가. 그녀와 나는 급격하게 가까워졌다. 학교에서 그녀는 내 든든한 우군이 되어주었고, 내가 학업 중에 어려워하는 부분이 있을 때면 성실한 선생님이 되어 꼼꼼히 가르쳐 주었다. 방과 후면 한 번은 내 숙소에서, 한 번은 그녀의 사택에서 번갈아 가며 만났고 함께 밥도 만들어 먹었다. 오하이오는 시골 동네다. 저녁이 되면 갈 곳이 없다. 우리는 저녁 시간을 같이 보내는 일이 많았다. 늦은 저녁, 식사를 무르고 평소 가지고 있던 교육에 대한 비전을 서로 이야기하며 깔깔깔 웃음꽃을 피울 때면 미국에서 그렇게 그녀와 한국말로 편안하게 대화할 수 있는 시간이 너무 즐겁고 행복했다.

미국에서의 유학 기간은 정신없이 지나갔다. 학위 과정을 마치고 귀국길에 오른 나는 그녀와 헤어지는 게 못내 아쉬웠다. '그녀만큼 몬테소리 교육 철학을 잘 알고 있는 선생님을 또 찾을 수 있을까?' 나는 그녀를 순천 캠퍼스 교장으로 모시길 바랐다. 진심으로 그녀를 아꼈고 존경했다. 아무리 열심히 공부한들 단기간에 그녀만큼 몬테소리 교육을 한국에서 제대로 구현할 수 없을 것만 같았다. 무엇보다 그녀의 열정적인 성격과 몬테소리 체계에 대한 전문성은 내가 꿈꿔왔던 우리나라 최초의 몬테소리 초등학교에 초대 교장으로 청빙 봉사할 만한 자질이 충분히 있다고 생각했다.

난 자부심이 있는 게 하나 있다. 예나 지금이나 사람을 키우고자 하는 남다른 성향이 있다고 생각한다. 누구를 만나더라도 상대를 성장시키고 성공시키는 성향이 있다고 생각한다. 나를 만나서 함께 일을 하거나 어떤 것을 도모하던 이들이 나를 그렇게 평가하기도 한다. 남이 성공해야 내가 성공한다고 믿었고 물론 지금도 그렇게 믿고 있다. 에머슨은 이렇게 말했다고 한다. "정말 성공하고 싶은가? 그렇다면 타인을 성공시켜라." 함께 성공할 수 있는 유일한 방법은 타인을 성공시키는 것이다. 나는 그녀를 그러한 마음으로 바라보았고 그녀가 자신의 경험을 내가 세우게 될 몬테소리 초등학교와 한국에서 꽃피우길 진심으로 바랐다.

그녀는 한국에서 몬테소리 초등학교 초대 교장으로 와달라는 나의 제안에 생각할 시간을 달라 했고 몇달 뜸을 들이다가 내 조건을 승낙했다. 나를 따라 한국에 들어오는 건 그녀에게도 힘든 결정이었을 게 분명하다. 한국에서 대학을 마치고 미국으로 유학 가서 공부하고 미국 현지의 몬테소리 교사가 될 때까지 얼마나 애를 썼을까? 미국에 집도 있는 그녀는 당연히 한국보다 미국이 훨씬 편안했을 것이다. 그럼에도 그녀는 나를 따라 한국에 오기로 결정했다. 내 열정에 감동했던 걸까? 모르겠다. 자신의 뿌리를 찾아왔는지, 뒤엉킨 실타래처럼 복잡한 자신의 인생을 풀어내고 싶었는지.

개교는 이듬해 3월이었지만 6개월 앞당긴 9월에 미리 그녀를 한국에 초청했다. 출퇴근이 편안하도록 학교 주변에 나름대로 방 두 개짜리 숙소도 장만해 주고, 생활은 해야 하니까 개교일까지 일을 하지 않아도 월급을 꼬박꼬박 지급했다. 시간은 쏜살같이 지났다. 대망의 개교일이 되었다. 내 기대와 바람대로 그녀는 처음부터 학교에서 위력을 발휘했다. 우리나라와 지역에서도 생소하던 더힘스쿨이 몬테소리 초등학교로 자리를 잡는 데 그녀의 현직 몬테소리 교사라는 스펙이 큰 도움이 되었던 건 부인할 수 없다. 학교를 설립한 사람은 나였지만, 나는 그녀가 불편해 할까봐 공식 석상에서도 전면에 나서지 않으려고 신경 썼다. 모든 인터뷰, 모든 상담을 일단 그녀에게 맡겼다. 외부 강연이나 교육이 들어오면 내 경력이 됨에도 그녀를 대신 보냈다. 그렇게 하는 것이 리더의 소임이지 않을까?

그러나 그녀와 함께 일을 하면서 전에 보지 못했던 그녀의 생소한 모습을 하나둘 보기 시작했다. 몬테소리 교육을 누구보다 잘 알고 아이들을 어떻게 가르쳐야 할지 방법은 정확히 알고 있었지만 그녀의 삶은 몬테소리 학교의 철학을 구현해 내지 못했다. 내 말이 듣는 이에 따라 조금 이상하게 들릴지 모르겠지만, 그녀의 교육이 외관상 몬테소리 교육이었을지는 몰라도 내용은 아니었다. '몬테소리 학교는 학생이 삶을 살아내는 현장'이라는 몬테소리 철학이 구현되는 학교를 만들려는 설립자의 철학이 반영되지 않은, 기능만 존재하는 건조한 몬테소리 교육을 흉내 내고 있었다. 미안한 말이지만, '학생을 따르라.'는 진정한 몬테소리 철학이 반영되는 더힘스쿨의 교장이 되기에 그녀는 함량 미달이었다. 평소 사람을 잘 본다고 자신 있어 했는데 그런 자신감은 그녀를 겪으며 여지없이 무너져 내렸다. 나는 상당한 수업료를 내고 인생 공부를 하게 된 셈이다.

더힘스쿨의 시간은 그렇게 빠르게 지나갔다. 나는 겨울방학을 몇 개월을 남겨두고 그녀에게 "앞으로 더 이상 같이 할 수 없을 것 같습니다."라고 정중하게 사과를 드렸다. 충분히 시간을 갖고 한국에서의 삶을 정리하기를 바랐고, 미국으로 돌아간다면 여비와 절차를 직접 챙겨줄 심산이었다. 그러나 그녀는 전혀 다른 계획을 갖고 있었다. 그것도 모른 채 나는 연초에 계획했던 참여 수업을 준비하고 학생과 학부모를 기다렸다. 2014년 9월 참여 수업 당일, 등교해야 할 학생들이 아무도 오지 않았다. 중간에서 그녀가 장난을 친 거였다. 결국 나는 깜깜한 텅 빈 교실 바닥에 엎드려 오열하고야 말았다.

주님 앞에서 너무나 외롭고 고독하여 한없이 울었다. 교실에 돌아올 수 없는 아이들도 이해할 수 있었다. 부모 역시 외롭고 어려운 선택을 하였을 것이다. 학교에서 근무하던 교장이 본인이 없으면 몬테소리 교육을 할 수 없을 것이라고, 지금 있는 교사들은 몬테소리 교육을 모른다고 하는데 누가 그 교실로 자녀를 보낼 수 있겠는가? 재계약을 하지 않았다는 이유로 그렇게 쌓았던 우정도 헌신짝처럼 버리는 사람의 모습에 절망했다. 그렇게 어렵게 모은 아이들을 다 놓치고 일곱 명의 학생만 남았다. 졸지에 더힘스쿨은 창학 원년에 그렇게 반 토막이 났다.

그날 이후, 나는 알 수 없는 병을 얻었다. 입안이 생선 아가미처럼 빨갛게 변하더니 너덜너덜해지는 거였다. 물 한 모금 마실 수 없는 상태가 되었고 먹지 못하니 온몸은 비쩍 마르며 만신창이가 되었다. 서울대병원 등 유명하다는 병원을 수소문하여 다녔지만 차도가 없었다. 그때 가장 먼저 한 일은 옷장을 정리하는 거였다. 이러다 죽을 수도 있겠구나 하는 두려움이 나를 엄습했고 내가 죽은 뒤에 욕은 먹지 말아야겠다는 생각이었다. 그동안 교육자로서 쌓아온 명예도 땅에 떨어진 듯하였다. 사람들을 만날 수 없었다. 순천 바닥에서 내 이름을 걸고 학교를 운영하는 게 힘들었다.

나는 철저하게 무너져 내렸다. 곁에 동료 교사들이 없었다면 어쩌면 나는 그대로 무너져 다시는 일어서지 못했을 것이다. 한편 혜화유치원 졸업생인 도원이, 도훈이 부모님께서 모두 떠난 교실에, 그렇게 풍비박산이 난 학교에 자녀를 데리고 오셔서 "교장 선생님, 저희는 교장 선생님을 지켜보았습니다. 몬테소리 교육을 통해 우리 아이들을 잘 키워주세요."라며 아이들을 데려오지 않았다면 지금의 더힘스쿨은 존재하지 못했을 것이다. 최명주와 서혜리 두 분의 선생님과 학부모님께 두고두고 감사할 것이다. 차라리 금전적 손해는 감당할 수 있다. 놓친 학생은 새로 모집하면 된다. 그러나 교육자가 명예를 잃고 사람들에게 신뢰감을 주지 못한다면 어찌 이 좁은 땅에서 제대로 교육을 할 수 있겠는가? 그동안 쌓아온 모든 것이 물거품이 되는 듯하여 나는 어디서 다시 길을 찾아야 할지 눈앞이 캄캄했다.

힘이 되어준 건 남편이었다. "그러다 당신 죽어. 뭔 놈의 학교야 학교는… 그냥 때려치워."라고 말했다면 정말 그만두고도 싶었다. "여보, 나 학교 그만둘까?" 하루는 위로를 받고 싶어 마음에도 없는 말을 던졌다. 아무 소리도 하지 않던 남편이 이렇게 말했다. "여보, 이건 당신의 꿈이었잖아?" 그 말에 갑자기 눈물이 왈칵 쏟아졌다. 남편이라고 왜 속이 쓰리지 않겠는가. 그냥 아무 일 없다는 듯이 시큰둥하게 말하는 남편을 보니 그동안 혼자서 아프고 서럽고 고통스러워했던 내가 이기적으로 느껴졌다. 난 울면서 말했다. "학교에 들어간 빚은 어떡해?" 이 시점에 돈 걱정이 대수냐? 남편은 속도 없이 허허 웃으며 말했다. "괜찮아, 우리 아직도 팔 거 많아." 이런 걸 부창부수라 할까? 꿈 하나만 쫓아온 마누라만큼이나 대책 없는 남편이다.

결론부터 말하면, 더힘스쿨은 건재하다. 10주년을 맞이한 작년 9월에 순천 시민과 함께 하는 음악회를 호수공원에서 가졌다. 그 사이에 순천 캠퍼스 외에 수지 캠퍼스도 개교했다. 지금은 더힘스쿨 중학교 설립도 계획하고 있다. 지금 생각해도 당시 나를 떠났던 아이들에게 교육자로서 진심으로 미안하다. 나는 아이들에게 '노 크로스, 노 크라운', 십자가 없이는 면류관도 없다는 말을 종종 한다. 상처 없는 성취란 없다. 성공한 사람의 등 뒤에서 수십 개의 칼이 꽂혀 있다는 사실을, 자신의 분야에서 최고가 된 사람의 무릎에는 영광의 깊은 상처가 박혀 있다는 사실을 이야기한다. 그건 내 이야기이기도 하기 때문에. ❖

PART **02** 교실
CLASSROOM

PART

02

교실CLASSROOM

교실 혁명 없이 교육 혁명 없다
샌드박스에서는 실패를 두려워 말라
혼합연령, 교실은 하나의 사회다
ADHD를 극복한 교실 이야기
삶의 교실, 더힘스쿨의 3C 트라이앵글

교실 혁명 없이 교육 혁명 없다

"기술은 단지 도구에 불과하다.
어린아이들이 함께 공부하고 동기 부여가 되기 위해서는 교사가 가장 중요하다."
— 빌 게이츠 —

아이는 교실에서 꿈을 꾼다. 교실은 아이가 이것저것 마음 놓고 시도해 볼 수 있는 실험장이고 자신의 실력을 마음껏 키울 수 있는 실기장이며 장차 사회에 진출할 적응력을 기르는 시험대다. 교실은 진리의 토양에 심어진 아이들이 관심과 사랑의 햇살을 받아 무럭무럭 자라는 온실이며 동시에 거친 비바람과 풍파를 대비해 내공을 키우고 생존 기술을 점검하는 포육실이다. 아이에게는 비상하기 위한 활주로가 필요하며 세상으로 나아가기 위한 도약대가 요구된다. 그런데 우리나라 교실은 뛰고 싶은 아이에게 도리어 장애물이 되고 있다.

나는 가끔 요즘 우리 아이들이 다니는 학교와 내 어렸을 적 학교를 비교해 본다. 그리고 소스라치게 놀란다. 벌써 50년이 넘는 시차가 나는데도 두 학교가 판박이처럼 똑같기 때문이다. 10년이면 강산도 변한다는데 우리 교육은 왜 이렇게 제자리걸음일까? 우리나라 교실은 길게 이어진 복도와 각 교실로 이어진 일자형 학교, 즉 일제 강점기 학교 형태를 그대로 답습하고 있다. 과연 100여 년 전 우리 학교와 오늘날 학교 사이에서 바뀐 게 무엇이 있나? 일제 강점기 내선일체를 기치로 내건 조선총독부는 전국에 산재한 학교에 식민사상과 일본어를 주입하기 위해 교사를 직접 발령했다. 오늘날을 보라. 여전히 교육부가 전국의 공립학교에 교사를 발령한다. 혹시 일제의 행정적 잔재라고 할 수 있지 않을까? 황국신민으로 교육받은 선배 교육자들이 일제하에 배운 교실을 그대로 물려주었고, 후배 교육 공학자들 역시 일자형 교실에 대해 단 한 번도 의문을 제기하지 않았다. 21세기 오늘날에도 이 교실은 그대로 이어지고 있다. 나도 거쳐 갔고, 내 아들도 거쳐 갔으며, 어쩌면 내 손자도 거쳐 갈지 모른다. 생각만 해도 섬뜩하다.

미국 콜로라도 주 덴버에서 열린 AMS 콘퍼런스에 참석했을 때의 일이다. 많은 이들이 덴버 시내를 행진하면서 시위하는 모습을 보았는데 시위대가 들고 있는 피켓을 읽고는 깜짝 놀랐다. 고등학교에서 외부 갱단을 통해 마약이 버젓이 유통되고 있는 것을 방치하지 말라는 거였다. 이미 학생들 사이에서 마약이 거래되지 않도록 카운티 교육청이나 학교 관계자는 일선 학교에 직접 경찰을 배치하여 정문을 쇠사슬로 걸어 잠근다는 것이다. 실지로 아이들 손에서 손으로 마약이 전달되는 사태가 일상화되어 있으며, 문제가 있는 고등학교는 지역 교도소와 결탁해 있다는 것. 이러한 행위를 근절하라고 시위하는 거란다. 특정 교도소가 슬럼가에 있는 학교에 커미션을 주고 마약 운반책의 리스트를 받는다는 이야기도 들은 적이 있다. 어디까지 사실인지 가늠할 수 없지만, 미국 공교육의 실태를 보면서 어느 정도 납득이 갔다.

최근 유튜브 영상을 하나 봤다. 영상에서는 150년 전 교실과 지금의 교실과 달라진 게 아무것도 없다는 비판이 등장한다. 오늘날 인류는 컴퓨터를 만들고 달나라에 유인 우주선을 보내고 있는데 교실만큼은 지금까지 하나도 바뀐 것이 없다는 것이다. "모든 사람은 천재다. 나무를 타기 능력으로 물고기를 판단한다면 물고기는 평생 자신이 형편없다고 믿고 살 것이다." 아인슈타인의 말이다. 자신이 무엇이든 잘하는 곳에서 사람을 빼내어 엉뚱한 곳에 두면 아무리 똑똑한 사람이라도 곧바로 멍청이가 될 것이라는 말이다. 나는 부모 교육 때 이 이야기를 반드시 한다. "학교는 똑똑하고 쓸모 있는 인재를 길러야 한다고 말은 하지만, 실제로 그렇게 하지 않습니다. 공정을 핑계로 아이를 평균화합니다. 마치 기성품을 찍어내는 공장처럼 오늘날 학교는 튀는 아이보다 평범한 아이를 생산하는 데 주력합니다. 이 문제를 해결하지 않고서 교육의 미래는 없습니다. 교사부터 새로워져야 합니다. 교실 혁명 없이 교육 혁명을 이룰 수 없습니다."

　마이클 모퍼고는 말했다. "차이를 내는 건 교실이 아니라 교사다." 교실 혁명이라는 건 단순히 교실의 구조를 바꾸는 게 아니다. 교실 혁명이라 함은 교사 혁명이다. 교육 행정가 중에는 교실 혁명을 스마트 클래스나 메타버스 교실처럼 물리적 공간이나 환경을 바꾸는 것으로 착각하는 이들이 있다. 물론 교실의 구조나 교보재의 현대화, 디지털화도 중요하다. 학습자의 태도를 바꾸는 데 필요하다면 교실이라는 공간도 개혁의 대상이 되는 건 당연하다. 하지만 진정한 교실 혁명은 공간에 한정되지 않는다. 궁극적인 교실 혁명은 교사, 물리적 환경, 그리고 교육과정, 접근의 방식이다.

　더힘스쿨을 세웠던 이유 중 하나가 바로 이러한 부분이었다. 교실이 바뀌지 않았는데 교육이 바뀌기를 바랄 수 있을까? 5-3-4제니 6-3-3제니 하는 문제는 부차적인 문제다. 교실 혁명에 앞서 교사, 교육과정과 접근의 방식에 대한 혁명이 먼저 일어나야 한다. 오늘날 많은 교육자가 교육 혁명을 부르짖는다. 기존의 공교육을 비판하고 새로운 패러다임의 교육을 역설한다. 나 역시 포럼이다 세미나다 많은 행사를 쫓아다녔다. 누구나 비판은 쉽게 한다. 그런데 그중에서 교실 혁명에 대한 대안을 제시하는 이들은 드물다.

더힘스쿨은 이런 한계를 뛰어넘기 위해 처음부터 죽을힘을 다해 발버둥 쳤다. 몬테소리 여사는 교사를 임용할 때 공립학교 선생님보다는 다른 영역의 사람들을 두루 채용했다고 한다. 절대적으로 공감하는 말이다. 이유는 간단하다. 이미 그들은 유연한 사고를 하지 못하고 아이들을 부족한 존재로만 보고 가르치려 들기 때문이다. 더힘스쿨에서도 이와 같은 일을 겪는다. 아이들을 통제하고 다스리려고만 한다. 자기도 모르게 경직된 사고를 아이에게 주입하고 앞에서 선생님이 이끌고 뒤에서 아이들이 따라오기를 바란다. 앞에 칠판이 있고 책상이 자신을 향해 집중되어 있으며 그 꼭짓점에 교사가 있어야 한다고 생각한다. 무서운 고정관념이다. 집체교육은 실패한 교육이다. 한반도에 일타강사, 명품교육만 넘쳐나고 명품학생은 드물다. 아무리 봐도 우리나라 교육은 아이가 아닌 선생님만 똑똑해지는 교육이다.

아이가 어떤 정보를 들어서 기억할 수 있는 확률이 과연 몇 퍼센트일까? 한 연구에 따르면, 고작 10퍼센트밖에 되지 않는다고 한다. 직접 아이가 듣고 보고 말로 하면 그 확률이 올라간다. 직접 행동으로 옮기면 그 확률이 70퍼센트까지, 남을 가르치면 90퍼센트까지 올라간다. 몬테소리 여사는 말했다. "아이는 먼저 손으로 경험으로, 처음에는 놀이로, 그리고 나중에는 워크를 통해 일한다. 손은 인간이 가진 중요한 지성의 도구다." 손으로 익힌 건 강력한 경험을 동반하게 되고, 그만큼 기억으로 남을 확률이 높다. 더힘스쿨은 손으로 숫자를 익히고 손으로 연산을 습득하게 한다. 나아가 더힘스쿨은 교실 안에서 형이 동생을 가르치고, 수학을 잘하는 아이가 수학이 부족한 친구를 가르친다. 교사가 가르치지 못해서 안 가르치는 게 아니다. 아이를 기다려 주는 것이다.

나는 도리어 유아교육을 전공했거나 유치원에서 근무했던 경험이 있는 교사를 뽑는다. 유연한 사고방식의 교사, 새로운 환경을 수용할 수 있는 교사, 끊임없이 대안을 찾고 해결책을 모색하는 선생님을 모신다. 더힘스쿨을 세운 후 지금까지 고수하고 있는 원칙이다. 우리나라 대부분의 어른은 자신이 경험한 교실이 학교의 전부라고 생각한다. 안타깝지만 지금 있는 많은 학교 역시 이런 형태를 벗어나지 못한다. 나는 마음속으로 실천적으로 외친다. "교실 혁명 없이는 교육 혁명도 없다." 따라서 교사가 교실에서 유일하게 '가르칠 수 있는 존재'라고 생각하는 교사는 이 학교에서 적응하기 어렵다. 교사는 가르치면서도 아이들에게 삶의 모델이자 전범典範이 되어야 한다. 나아가 안내자이자 보조자, 촉진자의 역할을 해야 한다. 바로 이 교사상이 몬테소리 철학이 실천되는 더힘스쿨의 교사로 모시는 유일한 기준이다.

나는 교사 혁명이 교실 혁명의 발화점이라고 믿는다. 교사가 바뀌면 교실이 바뀐다. 더힘스쿨이 자랑하는 교사상은 잘 가르치는 교사가 아니라 잘 안내하는 교사, 관찰력이 뛰어난 교사, 기다려 주는 교사다. 교사의 가장 중요한 능력은 관찰이다. 교실에서 워크work를 하는 아이를 면밀히 관찰할 수 없는 교사는 아이에게 어떤 처방도 내릴 수 없다. 학습은 내 방식대로 가르치는 게 아니라 상대가 무엇을 알고 모르는지 관찰을 통해 알아가는 것이다. 그런 걸 수월하게 해낼 수 있도록 더힘스쿨의 예비교사는 우리나라 몬테소리 총연합회에서 인증하고 학교가 자체적으로 운영 중인 교육연구소에서 1년 과정을 이수해야 한다. 이 과정을 반드시 통과해야 더힘스쿨에 교사로 임용될 수 있다.

학부모는 더힘스쿨 교육의 또 다른 중요한 축을 담당한다. 그런데 여기서 명심해야 할 게 있다. 더힘스쿨 학부모는 학교에 무한한 신뢰를 보여주고 있다는 점이다. 학생은 부모가 학교에 보내는 신뢰와 믿음을 보고 자란다. 그런데 언제부턴가 우리나라에 못된 소비자주의가 학교 담을 타고 교실에까지 기어들어 와 있다. 이른바 소비자중심주의, 즉 컨슈머리즘consumerism이다. 주변을 보라. 명실상부 소비자 천국이다. 요즘 '손님이 왕이다.'라는 말만큼 남용되는 게 또 있을까? 맞춤이니 비스포크bespoke니 동네 커피숍에서 라떼 한 잔을 시켜도 다 제각각 취향과 개성을 내세운다. 가만히 듣고 있노라면 '얼음 컵에 휘핑크림 빼고 시럽 빼고 샷 추가에 자바칩 추가' 등 현란한 개인 주문이 이어진다. 키오스크가 일상이 된 요즘, 우린 모든 소비를 이런 식으로 한다. 그리고 이게 소비자의 마땅한 권리라고 생각한다. 그래서 학부모는 학교에 와서도 똑같이 한다. '우리 애는 이거 빼주세요.' '저거 넣어주세요.' 이러한 소비자주의가 교육을 김밥천국처럼 만든다. 최근 사회를 뜨겁게 달구고 있는 학교 주변의 여러 문제들 역시 이런 컨슈머리즘이 드리운 짙은 그림자다.

우리가 하나에 천만 원 넘는 명품 가방을 산다고 해보자. '재봉선은 우측으로 몰아주시고 금색 로고는 좌측에, 지퍼는 똑딱이 단추로 바꿔주세요.' 이렇게 말하는 소비자가 과연 있을까? 아마 이태리 장인 앞에서 컨슈머리즘을 주장하는 간 큰 소비자는 없을 것이다. 모두가 그 명품에 자신을 맞추려고 한다. 기존 제품 라인이 선보인 특징이 내 개성보다 더 중요하기 때문이다. 명품은 오랜 시간 여러 소비자의 취향과 검증을 마친 제품이다. 그래서 고가를 지불하고도 그 가방을 사려는 것이다. 더힘스쿨 교육은 이런 명품백과 같다. 백 년이 넘는 세월 동안 검증을 거친 교육이다. 본질에 집중해야 한다. 개성과 비본질적인 것에 매몰되지 말라. 교육에 어설픈 컨슈머리즘을 끌어들이지 말라. ✤

샌드박스에서는 실패를 두려워 말라

"실수나 실패란 없다. 교훈만 있을 뿐."
— 데니스 웨이틀리 —

아마 자녀가 없더라도 한국인이라면 '몬테소리'라는 이름을 들어본 적 있을 것이다. 그러나 정작 몬테소리가 무엇인지 묻는다면 제대로 답할 수 있는 사람은 매우 드물 것이다. 몬테소리는 이탈리아 태생 의사이자 심리학자, 교육자였던 마리아 몬테소리의 이름이다. 마리아 몬테소리 여사는 1870년 8월 31일 이탈리아의 앙코나 지방의 치아라 발레에서 태어났다.* 아버지는 볼로냐의 귀족 출신이었고 정부의 공무원으로 일하다 나중에 회계사가 된다. 어머니는 유명 성직자이자 지질학자였던 슈토파니의 조카였고, 당시에 고등교육을 받은 교양 있

---

* 더힘스쿨에서는 몬테소리 여사의 생일을 기려 다음 날인 9월 1일부터 일주일 동안 '몬테소리 주간 (Montessori Week)'을 가지며 몬테소리 교육 철학을 배운다.

는 여성이었다. 특히 어머니는 신실한 가톨릭 신자였고 덕분에 어린 몬테소리에게 굳건한 신앙심을 물려준다.

될성부른 나무는 떡잎부터 알아본다고 하던가. 어린 몬테소리는 공부에 특출한 재능을 보였다. 1883년, 13세의 몬테소리는 공립기술 학교에 들어가 7년간 현대적인 교육을 받는다. 이후 1890년, 대학에 진학할 때쯤 아버지는 딸이 교사의 길을 걷기 바랐지만 몬테소리는 의학을 공부하기로 결심한다. 그녀의 가족은 이런 결정에 실망했는 데, 특히 아버지의 실망은 이만저만이 아니었다. 흥미롭게 그녀는 의 대를 졸업한 뒤 돌고 돌아 결국 아버지가 원했던 교사의 길을 걷게 된 다. 이런 걸 보면 모든 사람에게 하나님께서 인도하시는 계획된 길이 라는 게 따로 그려져 있나 보다.

의대에 진학한 몬테소리 여사는 똑똑한 남학생들을 누르고 학업에 서 두각을 나타낸다. 자존심이 상했던 남학생들은 분노하여 그녀를 괴롭혔고 따돌렸다고 한다. 남학생들이 해부학 수업에 여자가 들어오 는 걸 반대하여 몬테소리는 결국 수업을 모두 마친 밤에 들어가 시체 들 사이에서 혼자 해부학 공부를 진행해야 했다. 우여곡절 끝에 1896 년, 몬테소리 여사는 로마대학교에서 의학 학위를 취득하여 이탈리아 최초의 여의사가 된다. 그녀는 로마정신병원의 보조의사로 다른말로 시작하여 그곳에서 정신박약아들을 만나게 되었는데, 결국 이 경험이 훗날 그녀를 교육자로 이끈 결정적 계기가 되었다. 당시 장애를 가진 환자는 매우 열악하고 참혹한 상황에서 방치되다시피 했고, 그중에서도 정신지체를 가진 아동의 상황은 더욱 비참했다. 몬테소리는 지적 장애를 가진 아이 하나가 음식 부스러기를 가지고 혼자 노는 모습을 우연히 보게 되는데, 그녀는 이런 행위를 통해 아이의 감각이 향상된다는 사실을 확인한다. 정신지체아에게 필요한 건 약물이나 의학적 치료가 아닌 적절한 교육이라고 생각한 몬테소리는 결국 교구 개발에 매달리게 된다. 어떤 의미에서는 몬테소리 교육의 첫 출발이라고 할 수 있다.

1904년, 로마대학교의 교수로 임용되어 교편을 잡은 몬테소리는 로마에 거주하는 가난한 가정의 아동들을 교육하고 돌보는 기관의 필요성을 절감하고, 결국 1907년, 로마에서 가장 가난한 동네에 '어린이집Casa dei Bambini'이라는 탁아소를 열게 된다. 이 어린이집은 3세부터 7세까지의 어린이들을 받았다. 몬테소리는 어린이집을 열면서 어린이 스스로 독립적으로 배우고 익힐 수 있는 환경이 얼마나 중요한지 다양한 실험과 관찰을 통해 확인하고 싶었다. 어린이집 교사의 주된 업무는 '가르치는 것'이 아니라 '관찰하는 것'이 되어야 한다고 믿었다. 로마 어린이집에서 자신감을 얻은 몬테소리는 1908년, 밀라노에도 어린이집을 개설한다. 1909년에는 자신의 교육 철학을 실천하는 최초의 훈련 과정을 개설했는데, 100여 명의 학생이 참여했다. 이 훈런 과정을 책으로 펴낸 『몬테소리 방법론』이라는 책은 전 세계 20여 개 언어로 번역되었다.

몬테소리 여사의 인생에 밝은 면만 있었던 건 아니다. 병원에서 만난 동료 의사와 교제 중에 아이를 가진 몬테소리는 남자 집안의 반대에 막혀 결혼하지 못하고 홀로 출산을 감당해야 했다. 당시 미혼모에 대한 시선은 지금과는 비교도 할 수 없을 만큼 냉담했기 때문에 그녀는 어디를 가든 주변에 자기 아들을 '조카'라고 소개해야 했다고 한다. 아들을 아들이라 부르지 못한 셈이니 어머니로서 그녀가 겪었을 내적 갈등과 고통을 헤아리고도 남는다. 1922년, 몬테소리는 어린이집을 이탈리아 전역에 세운 공로를 인정받아 교육부 장관이 되었는데, 1930년대 무솔리니 정권의 파시즘을 공개적으로 비판하고 평화 교육을 주창하는 등 사사건건 정부와 마찰을 빚게 된다.

결국 몬테소리 여사는 모든 공직을 사임하고 1934년 조국을 떠나서 스페인으로 탈출한다. 이런 개인사의 굴곡에도 그녀는 끝까지 자신의 교육 철학을 포기하지 않았으며, 2차 세계대전 이후로는 평화 운동의 상징처럼 전 세계에 강연자로 활동하기도 한다. 아이의 편에서 교육의 패러다임을 개혁하려 했던 몬테소리 여사는 1952년 네덜란드에서 뇌출혈로 유명을 달리한다. 그녀의 나이 향년 82세였다.

나는 몬테소리 여사의 삶을 읽을 때마다 가슴 속에 솟아오르는 감동을 느낀다. 그것은 실패가 없는 인생은 없다는 진리다. 몬테소리 여사 역시 인생의 부침을 겪었고 좌절과 실패를 수도 없이 경험했다. 그럼에도 그녀는 결코 부러지거나 무너지지 않았다. 나는 이런 점을 언제나 아이들에게 강조한다. "실패해라. 그러나 다시 일어서라."

더힘스쿨의 교실은 '샌드박스sandbox', 즉 모래밭이다. 마음껏 실패해 볼 수 있다. 상상을 현실로 구현하는 곳이 샌드박스다. 모래밭을 뒹굴며 땅굴도 팔 수 있고 토끼집도 지을 수 있고 모래성도 쌓을 수 있다. 샌드박스를 도화지 삼아 그림도 그릴 수 있고 모래를 벽면 삼아 이쪽 끝에서 저쪽 끝까지 만리장성을 올릴 수도 있다. 샌드박스는 실패하는 곳이다. 아니, 실패해야 하는 곳이다. 이 울타리 안에서 실패하고 일어나야지 이 실패가 두려워 도전하지 못하면 밖에 나가서 더 큰 리스크를 안게 된다. 아이들에게 교실이 샌드박스가 되어야 하는 이유다. 통섭과 융복합을 말하는 21세기, 이미 우리 곁에 다가온 4차 산업혁명의 핵심 인재는 샌드박스에서 노는 이들이 될 것이라고 말하는 어느 학자의 말을 듣고 고개가 절로 끄덕여졌다.

샌드박스는 손재주꾼, 브리콜뢰르bricoleur가 지배하는 세상이다. 더 이상 현장은 체계적 이론가, 학문적 학자를 필요로 하지 않는다. 주어진 재료와 도구를 이용하여 기존에 없던 새로운 물건을 뚝딱 만들어

낼 수 있는 장인, 즉 브리콜뢰르가 주도권을 갖는다. 아이디어만 있고 아무런 실물이 없을 때 어느 대학 공학자나 유명 교수보다 차라리 을지로 공구상가나 청계천 주변 철공소 선반 장인에게 가져가면 바로 만들어 준다는 말도 있지 않던가. 우스갯소리로 도면만 있으면 탱크도 만든다는 철공 장인들이 을지로와 청계천 주변에 무림의 고수처럼 숨어 있다. 그래서 인간을 손으로 공작하는 수공인ㅗㅗㅅ 즉 호모 파베르homo faber라고 부른 것도 이런 이유에서 나온 것일 거다.

교구는 몬테소리 교육에 있어 핵심적인 교보재다. 더힘스쿨에서 아이에게 교구를 주는 이유는 다양한 접근을 통해 스스로 실패와 성공을 경험하게 하기 위함이다. 문제를 말끔하게 해결하는 건 성인의 목표지 아이의 목표가 아니다. 아이는 실패를 통해 다른 접근을 시도한다. '아, 이렇게 하면 안 되는구나. 그럼 저렇게 해볼까?' 아이는 횡으로 쌓았던 교구를 종으로 쌓아본다. 그러면서 아이 스스로 숫자의 누적 개념을 이해하고 면적과 제곱의 의미를 몸소 익힌다. 아이가 실패하지 않는다면 배울 수 없다. 이를 몬테소리 여사는 '자기 정정self-correction'이라고 불렀다. "잘못을 정정하는 기능은 교구 그 자체 속에 있다. 그리고 아이가 그 구체적인 증거를 가지고 있다. 자신이 의도하는 목적을 달성하려는 아이의 희망이 자기 정정으로 이끄는 것이다. 어린이에게 잘못을 깨닫게 하거나 정정의 방법을 가르치는 것은 교사의 몫이 아니다. 아이 자신의 복잡한 정신 작용이 이와 같은 성과를 초래한다. 그 목표는 내적인 것을 향해 있다. 즉 아이는 스스로 관찰력을 기르고 교구, 즉 대상물을 비교하고 판단하고 결론을 끌어내며 완성하는 데까지 도달한다."**

이 실패의 과정은 흔히 행동경제학에서 말하는 휴리스틱heuristic의 관점을 닮았다. 휴리스틱은 샌드박스 안에서 제한된 정보를 가지고 최선의 합리적인 판단을 내리는 학습법이다. 아이는 문제를 복잡한 수식을 세우거나 체계적인 추론을 통해 풀지 않는다. 종종 제한된 합리성을 가지고 교실이라는 샌드박스 안에서 자료를 가지고 정보를 이리 주무르고 저리 굴려서 지식을 구성하고 결국 이해가 될 때 행복감을 가진다. 물론 어림짐작은 실패할 확률이 많다. 하지만 몬테소리 여사는 실패와 실패가 연결되어 여러 창의적인 결과가 도출되고 그 안에서 비로소 배움과 깨달음에 도달한다는 원리를 제시한다. 우리는 매끈한 수식으로 문제에 접근해서는 안 된다. 도리어 손재주꾼의 방식으로 독창적인 결과물을 뚝딱 만들어 내야 한다. "어린아이들과 함께하는 우리 교육의 목표는 정신적, 영적, 신체적 성격의 자발적인 발달을 돕는 것이어야 하며, 일반적으로 세상에서 받아들여지는 용어의 의미에서 아이를 교양 있는 사람cultured individual으로 만들지 않는 것이어야 한다."*** 몬테소리 여사가 관찰했던 것처럼 아이가 음식 부스

** The Montessori Method, 171.
*** The Montessori Method, 230.

러기를 갖고 노는 방식에서 교육의 단서를 얻어야 한다. 샌드박스에 서는 실패를 두려워하지 않는다. ✤

혼합연령, 교실은 하나의 사회다

"학교란 세계의 축소판이다.
그곳에서 학생들은 다양한 관점을 항해할 수 있는 법을 배운다."
— 소냐 소토메이어 —

나는 아이들이 교실에서만 배운다고 생각하지 않는다. 사실 아이들은 학교 정문 바깥에서 더 많은 시간을 보내며 더 많은 교육의 기회를 갖는다. 가정은 제2의 교실이다. 가정에서 이뤄지는 가정 교육은 아이의 품성과 인격 발달에 중요한 반석이 된다. 학원에 아이를 맡기는 부모는 해당 커리큘럼과 교육 방향을 모른다는 점에서 가정에서 교육을 책임져야 한다는 의무를 방기하고 있는 셈이다. 내가 조기 유학이나 보딩스쿨(기숙학교)을 반대하는 이유도 여기에 있다. 초등학교 시기는 부모로부터 배워야 할 덕목이 아주 많은 기간이기 때문이다.

두 번째로 사회는 제3의 교실이다. 교육과 삶이 분리되면 안 된다.

사람들은 학습이 교육의 전부라고 생각한다. 수학 공식을 배우고 영단어를 암기하는 게 교육의 전부라면 차라리 아이를 24시간 기숙학원에 넣는 게 더 빠를 수 있다. 교육은 사회화의 일부다. 아니, 교육은 사회화의 다른 표현이다. 자연을 체험하고 공동체를 경험하며 인간과 인간 사이의 관계를 직조하는 것을 배우는 것, 그래서 궁극적으로 온전한 사회의 일원으로 제 역할을 수행할 수 있는 건전한 시민이자 건강한 성인으로 성장하는 것, 그것이 교육의 본질이다. 그런 면에서 사회 역시 교육의 장이 되어야 한다. 몬테소리 교사의 역할은 아이에게 지식을 주는 게 아니라 아이가 지식에 대한 호기심과 상상력을 가질수 있도록 자극하는 것이다. 단순히 정보를 주는 것 이상이다. 교육 현장에 있다 보면 많은 학자를 만나는데, 모든 교육학자가 한결같이 말하는 게 인품과 인성, 박애정신, 도덕성 등 사회화의 도구들이 중요하다는 점이다.

따라서 더힘스쿨 몬테소리 교실의 특징은 혼합연령제를 시행한다. 한 반에 연령을 섞는다는 이야기다. 기본적으로 1-2-3학년이 저학년 한 반, 4-5-6학년이 고학년 한 반을 구성한다. 연령과 학년을 무슨 신성불가침의 원칙이라도 되는 것처럼 철저하게 고집하는 오늘날 공교육 학제에서 볼 때 다분히 이질적으로 느껴질 수 있다. 아니, 위태롭고 위험하게 보일 수 있다. 나이와 학년을 맞추는 것에 학생과 부모, 학교 모두 강박적으로 집착하기 때문에 아이의 실패를 유급과 낙제로 규정하는 그들은 '일 년 꿇었다.'는 말을 진저리 치며 싫어한다. 아이마다 발달과 성장이 다르다는 건 인정하면서도 남들이 다 같이 할 때 함께 맞춰 하는 게 중요하다고 생각하는 학부모들은 "나이에 맞게 살아라."는 말을 아이에게 습관처럼 한다. 그래서 학교는 오늘도 공장에서 마치 기성품을 찍어내듯 학생들을 생산해 낸다.

동일연령 학급보다 혼합연령 학급이 갖는 장점은 셀 수 없이 많다. 거시적으로 볼 때, 혼합연령 학급은 사회 구조의 변화에 최적화된 학급이다. 콩나물시루 같이 한 반에 60명씩 꽉꽉 채워 넣던 70~80년대 대한민국은 고속 산업화와 베이비붐이 절정에 달하던 시대였다. 모든 게 머릿수로 결정되던, 질보다 양으로 승부하던 시대였다. 학교도 예외가 아니었다. 학생을 1등부터 60등까지 줄 세우는 문화가 고착되었다. 그러나 2000년대에 접어들면서 대한민국은 고도성장을 멈추고 완만한 성장 곡선을 그리게 되었다. 이전 시대 산업화로 인한 사회 및 경제 구조의 변화와 핵가족화는 과거 학제가 감당할 수준 이상의 틈새를 내었다.

무엇보다 학령인구가 급감했다. 한 가정에 두 명이나 세 명이던 자녀는 최근 들어 한 명도 채 되지 않는다. 통계청이 발표한 2023년 대한민국 가임기 여성이 낳는 신생아 수는 0.72명이다. 결혼관이 변하면서 비혼과 만혼이 많아지고 핵가족을 넘어 한부모 가구, 일인 가구가 주를 이루며 자녀를 아예 낳지 않거나 낳아도 하나만 낳기 때문에 교실에 아이들이 사라지고 있다. 이런 사회적 변화는 자연스럽게 성장기 형제자매 간의 유대와 결속, 또래집단의 형성 등 여러 관계 설정의 문제를 잉태했다.

미시적으로 볼 때, 혼합연령의 장점은 명확해진다. 모방은 아이들의 학습에 있어 가장 중요한 동기다. 나이가 많은 형이나 누나, 오빠나 언니를 통해 언어를 습득하는 게 훨씬 쉽다. 규칙을 배우고 도덕을 배우는 데 이보다 더 좋은 토양은 없다. 반대로 동생을 돌보고 가르치는 과정에서 형이나 누나는 책임감을 배운다. 결국 교실은 사회다. 가정이나 사회에도 형과 동생이 있듯이, 학교라는 사회로 옮겨와서 학습도 하는 것이다. 학교를 나오면 같은 또래하고만 살지 않는다. 교실 밖으로 나가면 나는 누구에게는 형이고 누구에게는 동생이다. 이런 상하관계를 교실에서 먼저 습득할 수 있다면 얼마나 좋겠는가.

이런 분위기 속에서 형은 리더십leadership을 키우고, 동생은 펠로우십fellowship을 배운다. 학습 나눔을 통해 사회성 외에 학업적 성취를 얻을 수 있는 건 덤이다. 특히 큰 아이들과 동생들을 묶어서 프로젝트를 진행할 때 이 혼합연령제가 제 빛을 발휘한다. "글은 형아가 써줄게. 발표는 니가 해봐." 형이 동생에게 자연스럽게 무대의 주인공 자리를 양보한다. 몬테소리 교육과정이 바로 이러한 혼합연령을 바탕으로 한다. 마리아 몬테소리는 획일화된 교육의 모순, 동일 학년에서의 경쟁에 따른 모순, 학력의 개인별 수준 등의 모순을 혼합연령으로 풀어냈다.

따라서 더힘스쿨의 교육과정은 크게 세 영역으로 나뉘며 그 핵심에는 3C 트라이앵글이 자리하고 있다. 더힘스쿨의 수업은 오전 8시 40분 등교에서부터 시작된다. 모든 아이가 등교와 함께 모닝부스트 morning boost를 한다. 이를 통해 아이는 외부에서 묻혀온 잡다한 영향력을 털어내고 온전하고 순전한 호기심을 갖고 교육의 관문 앞에 설 수 있다. 하루 일과는 보통 4시경에 마무리 하지만, 오후 4시 30분에

신앙교육		예배 성경 읽기/쓰기 기도	말씀 묵상(큐티) 품성 성찰일기 쓰기
몬테소리 교육	1-2-3학년	국어, 수학, 영어, 기하학, 지리학, 역사학, 동물학, 식물학, 음악, 미술, 체육, 수영, 원예	
	4-5-6학년	국어, 수학, 영어, 기하학, 지리학, 역사학, 생물학, 화학, 물리학, 지구과학, 한국사, 세계사, 음악, 미술, 체육, 수영, 원예, 목공	
세계시민 교육		영어 봉사활동 안전/위생/보건 교육	중국어 예절 교육 학생 자치 활동

❙ 더힘스쿨 교육 과정 ❙

마무리하지만, 기타 액티비티 프로그램activity program이나 야외활동 등으로 하교 시간이 탄력적으로 운영될 수 있다. 수업은 철저히 몬테소리 교육 철학에 입각한 교사에 의해 이뤄진다. 모든 교사는 교실에 투입되기 전에 1년 동안 더힘스쿨교육연구소가 제공하는 자체 프로그램을 이수해야 한다. 몬테소리 교육의 핵심 프레임인 교과별 레슨lesson과 워크work 역시 개별 활동에 따라 시간이 다르며 아이 개인의 차이와 과정에 따라 탄력적으로 운영된다.

더힘스쿨의 강점은 개인별, 수준별 학습에 있다. 교사는 아이의 학습을 관찰하고 적절한 자료를 제공하여 레슨과 워크를 유연하게 구성한다. 학년은 기존의 동일연령이 갖는 폐해를 교정하고 부작용을 최소화하기 위해 혼합연령의 원칙에 따라 묶인다. 1-2-3학년을 저학년으로, 4-5-6학년을 고학년으로 반을 구성하는 게 원칙이며, 이 역시 아이의 개별 특성과 상황, 발달 수준과 학습 속도에 따라 탄력적으로 운영된다. 더힘스쿨의 각 학과 활동은 기본 시간표를 갖고 있지만, 아이 개인의 발달과 수준에 따라 교사의 재량으로 바꿀 수 있다. 기본 시간표를 기준으로 아이는 하루의 일과를 스스로 계획하고 일지를 작성하여 그에 맞게 워크에 몰입한다.

여기서 중요한 원칙은 교사가 일일이 워크를 지시하거나 내려주지 않고 학습자인 아이 스스로 자율과 책임에 따라 학습의 방향과 과정을 구성할 수 있다. 이를 통해 아이는 온전히 자기주도학습을 실천할 수 있다. 너무 아이의 자발성에 맡겨 두면 아이가 길을 잃지 않을까 걱정하는 부모들이 있다. 그러나 전혀 그렇지 않다. 교육과정을 운영하는 기본 방침은 학생 스스로 자신의 시간을 계획하고 운영하기 때문에 학생의 선택과 실천을 존중하지만, 학생 개인의 발달과 우선순위를 고려해 교사가 밀착하여 관찰하고 지도하고 있다.

시정 시작	시정 끝	소요 시간	월	화	수	목	금
8:40	9:00	20분	모닝부스트				
9:00	9:40	50분	애국 조회	큐티	예배	큐티	큐티
9:40	10:00	20분	데일리 플래닝				
10:00	10:40	40분	몬테소리 레슨과 데일리 워크(국어/영어/수학)				
10:40	11:40	60분	자율적 워크				
11:40	12:00	20분	대그룹 토의 및 청소, 다니엘 기도				
12:00	1:00	60분	점심 식사 및 산책				
1:00	2:20	80분	지리	역사	과학	기하학	IT
2:20	2:40	20분	간식				
2:40	3:20	40분		미술		원예/목공	중국어
3:20	4:00	40분	바이올린	수영	품성	체육	음악
4:00	4:30	30분	평가 및 계획, 다니엘 기도				

| 더힘스쿨 기본 일과 시간표 |

오스트리아의 생태주의 건축가 프리덴스라이히 훈데르트바서Friedensreich Hundertwasser는 인간에게 다섯 개의 피부가 있다고 말했다. 다섯 개의 피부는 살갗, 의복, 집, 정체성(공동체), 지구로서 각각 작은 부분에서 큰 부분으로, 동심원을 그리며 외피처럼 인간을 두르고 있다. 아이가 온전한 사회인으로 성장하기 위해서는 이렇게 겹겹이 피부가 필요하다. 살갗, 즉 건강한 몸은 기본이다. 튼튼한 의복과 든든한 집도 당연히 제공되어야 한다. 문제는 정체성, 즉 공동체 의식과 지구인으로서의 세계시민 의식이다. 교실을 단순히 건물에 제한하지 않고 가정과 사회 전체로 확대하는 사고의 전환이 있어야 교육이 달라질 수 있다. ❖

ADHD를 극복한 교실 이야기

"ADHD를 안고 살아가는 건 내려가는 에스컬레이터를 걸어 올라가는 것과 같다."
— 케이틀린 엘리 —

더힘스쿨이 개교한 이래 원하는 일정한 궤도에 오르기까지는 우여곡절이 많았다. 학부모들의 동참에 감격했고 교사들의 헌신에 가슴이 벅찼다. 그중에서 잊히지 않는 사건이 있다. 바로 수진(가명)이 이야기다. 수진이는 주의력결핍과잉행동장애, 우리가 흔히 ADHD로 알고 있는 문제로 고생하는 아이다. 수진이네는 하남에 살고 있는데, 엄마는 수진이를 받아준다면 멀리 수지 캠퍼스까지 오겠노라고 했다. 나는 ADHD를 잘 안다. 유치원에서 ADHD 스펙트럼을 가진 남자아이들을 많이 만났다. 그리고 그런 친구를 어떻게 훈육해야 하는지도 잘 안다. 아니, 알았다. 수진이를 만나면서 이전까지 내가 가진 ADHD에 대한 모든 지식과 경험에 균열이 일어났다.

수진이는 가만히 있지 못했다. 자리에 앉아 있지 않고 교실을 부산하게 돌아다니며 급우에게 다가가 이것저것 온갖 간섭을 했다. 특히 또래 친구에 대한 공격성이 강해 도저히 일반 학급에는 있을 수 없었다. 자기 마음에 안 들면 책상을 뒤집고 친구를 깨물고 손에 잡히는 대로 던지고 깨부수기 일쑤였다. 말리는 선생님을 이빨로 물어서 팔에 시커먼 멍이 들게 했고, 때리다 자기 손가락에 금이 갈 정도로 닥치는 대로 물건을 들고 붕붕 돌리며 풀스윙을 했다. 선생님이 수진이를 제어하려고 하면 데굴데굴 구르며 악을 썼다.

수진이 부모님은 아는 분을 통해 더힘스쿨을 알게 되었고 그날로 수진이를 데리고 학교를 찾았다. 그리고 두 분은 간절함으로 말문을 열었다.

"교장 선생님, 우리 수진이 좀 받아주세요."

솔직히 고민이 안 됐다면 거짓말이다. 수진이 한 명 때문에 학급 전체의 분위기가 어떻게 될지 잘 알았기 때문에 선뜻 부모님의 부탁을 받아들일 수 없었다. 그렇다고 두 분의 딱한 사정을 누구보다 잘 알기에 나 몰라라 할 수도 없었다. 무엇보다 수진이의 인생을 바꿔주고 싶다는 교육자로서의 열정도 수진이 부모를 그냥 돌려보낼 수 없게 했다. 나는 마음속으로 간단히 기도한 다음, 엄마와 아빠에게 말했다.

"어머니, 우선 교사들과 상의해야 해요. 저희에게 조금 시간을 주신다면 회의를 해보고 결정 사항을 알려 드릴게요."

그렇게 일단은 수진이 부모를 돌려보냈다. 부모는 채 떨어지지 않는 발걸음을 돌이키면서도 연신 나를 향해 꾸벅 절을 하며 "꼭 좀 부탁드립니다."라고 외쳤다. 거리가 멀어서 정확히 보이진 않았지만 엄마의 눈가에는 눈물이 그렁그렁 맺힌 것 같았다.

당장 교사회가 소집되었다. 나는 조심스럽게 수진이 입학과 관련한 안건을 올렸다. 먼저 교사들은 내 눈치를 보면서 말을 아꼈다. 당시 수지 캠퍼스가 개교한 지 얼마 지나지 않은 시점이어서 여러모로 학교에 부담이라는 생각도 있었지만, 사실 대한민국 교육의 외연을 넓히고 교실 혁명을 하자고 몬테소리 초등학교를 세운 게 아닌가. 어쩌면 더힘스쿨이기 때문에 수진이를 더 받아야 하는지도 모른다. 이런저런 고민이 내 머리를 스쳐 갔다. 한동안 교무실 안에 굳은 침묵이 흘렀다. 그러다 조금 뜸을 들이고 조심스레 교사 하나가 말을 꺼냈다.

"수진이를 받으면 물론 좋겠지만, 학급에서 벌어질 수 있는 불미스러운 상황을 예상하지 않을 수 없네요. 재학생들 부모님들의 반응도 걱정되구요. 지금 여건상 수진이에게 충분히 신경을 쓸 수 있는 상황도 아닙니다. 솔직히 전 자신이 없습니다."

당연한 반응이었다. 수진이 하나를 받으면 다른 친구 여럿이 피해를 볼 수 있다는 말도 일리가 있었다. 무엇보다 수진이를 교실에 들이고 감당해야 할 학급 담임은 마른하늘에 날벼락 같은 일일 것이다. 수진이는 학교에 하나의 커다란 도전이었다. 그러자 저학년을 담당하고 있어 수진이를 직접 맡게 될 김은희 선생님이 입을 열었다.

"교장 선생님, 제가 기도해 보겠습니다. 다음 주까지 시간을 주세요."

반갑기도 하고 부담도 되는 제안이었기에 그러자고 하면서 그날 회의를 마쳤다. 양쪽으로 갈라진 교사의 의견을 수렴하고 나는 불이 꺼진 교장실에 들어가 다시 무릎을 꿇었다. 교육자로서 의무감과 크리스천으로서 양심이 현실이라는 두터운 벽과 충돌하고 있었다.

일주일 후, 김은희 선생님이 조심스레 교장실 문을 열고 들어왔다.

"교장 선생님, 한번 해보겠습니다. 그 아이를 제가 한번 맡아 보겠습니다."

우리 둘은 그런 대화를 나누며 끌어안고 많이도 울었다. 그렇게 선생님을 돌려보내고 곧 학교에서 벌어지게 될 상황에 덜컥 겁이 났다. 나는 혼자 기도했다.

"하나님, 어떡할까요?"

그때 하나님은 '네가 참 쓸데없이 고민이 많구나.'라는 답을 주셨다. 하나님께서 이 모든 상황을 이미 다 아시고 당신이 책임지시겠다는 약속을 잊은 것이다. 결국 우리는 한 달 정도 시차를 두고 수진이를 받았다. 학교는 부모에게 가정에서 수진이를 대하는 태도를 안내하고 학교와 함께 똑같은 방법으로 일관성 있게 수진이를 대하도록 먼저 부모 교육을 실시했다. 부모가 가정에서 무작정 상황을 모면하기 위해 수진이를 우쭈쭈하고 구슬리고 어르는 건 답이 아니라고 단호하게 말했다.

수진이 부모님은 자녀로 인하여 필요 이상으로 조심하고 있었다. 우리에게도 그랬다. 부모님께 처음으로 이렇게 말했다. "수진이 어머니, 당당해지십시오. 수진이가 죄를 지은 것도 아니잖아요. 수진이는 이제부터 시작입니다." 어머니는 닭똥 같은 눈물을 하염없이 흘리며 흐느꼈다. 수진이는 공격적인 행동을 통해 자기를 방어하는 등의 학습된 부정적 행동을 하고 있었다. 우리에게 수진이는 한 번도 예상하지 못했던 새로운 도전이었다.

와중에 수진이가 우리에게 가르쳐준 것이 있다. 아이들도 수진이와 좋은 친구가 될 수 있게 기회를 줘야 한다. 서로를 배려하는 것도 배우는 것이다. 배움은 언제나 쌍방적이다. 학교는 사회를 압축한 공동체다. 사회에는 이런 사람 저런 사람 다 같이 어우러져 산다. 키가 큰 사람이 있으면, 체중이 많이 나가는 사람도 있다. 말하기를 좋아하는 사람이 있으면, 몸으로 움직이는 걸 좋아하는 사람도 있다. 학생은 그 다양성을 학교에서 경험해야 한다. 다양성 속에서 통일된 감정을 얻는 게 중요하다. 수진이가 소리를 지르고 책상을 칠 때 큰 방해가 되지 않으면 아이들은 그냥 놔둔다. 이상 행동을 하지 못하게 윽박지르는 건 해결책이 아니다. 아이는 아직 어리니까 관심을 끌기 위해 뭐든지 하려고 할 것이다. 심지어 그게 나쁜 행동이라도 말이다.

지금 수진이는 학생뿐 아니라 학교 전체가 알고 있는 유명 인사가 되었다. 한마디로 더힘스쿨의 '인싸'다. 더힘스쿨은 학교와 부모 사이의 유대감이 남다르기에 거의 모든 학부모가 수진이 이야기를 들어 알고 있고, 학교를 신뢰하고 기다려 주고 있다. 그들도 불안함을 가진 채로 실제로 수진이를 원근에서 지켜보고 있다. 그중에서 규원이 엄마가 이런 글을 나에게 보내왔다. 규원이 엄마는 더힘스쿨 학부모로서 학교를 전적으로 신뢰하고 학교에서 자녀가 훈련받을 수 있도록 기다려 주는 귀한 학부모다. 당사자의 동의를 얻어 이곳에 해당 편지의 일부를 소개할까 한다.

매주 금요일은 학부모 기도회가 있는 날이다. 두 분의 신입생 부모님까지 참석하니 나눔이 풍성하고 은혜가 넘친다. 이번 신입생 중에서 한 가정의 자녀가 경계성 ADHD를 갖고 있다는 이야기를 들었다. 이 아이가 정원미달로 선발되었는가? 결코 아니다. 이번 연도는 전국에서 정원을 훨씬 웃도는 많은 지원서가 들어왔다. 그런데도 학교에서는 큰 노력과 보살핌이 예상되는 그 학생을 고심 끝에 선발했다. 즉 한 학생, 한 학생을 주님의 마음으로 품고자 하는 학교 선생님에 의해 당당히 선발된 것이다.

그 아이는 선생님에게 인사나 존댓말도 안 할뿐더러 심지어 말을 거는 선생님께 달려들기도 하는, 한마디로 선생님의 권위가 통하지 않는 통제불능의 녀석이었다. 나는 학교가 이 아이를 받았다는 게 내심 놀랍기까지 했다. 아이의 엄마는 매일 학교에 같이 등교하여 교무실에서 대기를 한다. 어떤 상황이 있을 때 엄마가 바로 달려가기 위해서다.

우리는 때마침 아이의 엄마를 기도회에 초대했고, 함께 말씀 나눔을 하며 위로와 격려를 보냈다. 자녀를 키우면서 얼마나 많은 상처를 받았을까. 얼마나 남몰래 울었던 시간이 많았을까? 자신의 이야기를 하면서 간간이 눈물을 닦아내는, 아직 아기 같은 엄마를 보고 있노라니 그 켜켜이 쌓인 시간의 상처가 짐작되고도 남는다. 우리는 그저 함께 손을 잡고 기도할 수밖에 없었다. 오, 주여. 이 가정을 돌보소서.

그 아이에게는 온전히 한 선생님의 수고와 희생이 요구된다. 소통이 안 되는 아이에게 사회관계망을 만들게 하고, 사회와 도덕의 경계를 정할 수 있도록 하고, 자신의 감정을 통제하는 법을 가르치고, 자기가 잘못한 일에 대해서는 엄한 꾸중으로 책임에 직면하도록 하는 것. 이 모든 일에 어마어마한 에너지가 들 게 뻔하다. 정말 내 자녀라면 과연 그 수고의 반이라도 할 수 있을지 솔직히 자신이 없다. 선생님의 헌신을 생각할 때, 그리고 그 아이를 학교에서 감당하고 교육하겠다는 포부를 밝힌 학교의 결단을 바라볼 때 마음에서부터 존경심이 우러나왔다. 이 시대에 이런 교육자가 계신다는 것에 감동하고, 이런 학교가 다음 세대에 대한 소망의 불씨를 틔우고 있다는 사실에 감격한다.

내 큰 아이와 작은 아이도 나름 좋다는 대안학교를 다녀봤지만, 이렇게 귀한 학교를 규원이가 용케 다닐 수 있다니 정말 감사한 일이다. 다그치지 않고 기다려 주는 학교, 아이의 속도를 인정해 주는 학교, 부모들이 공동체성을 가지고 있는 학교, 애들끼리 무리 짓지 않는 학교,

성숙한 믿음의 교사가 있는 학교, 신뢰할 수 있는 학교, 안심할 수 있는 학교, 아이에게 자신을 직면하도록 가르치는 학교, 그러나 수치스럽지 않게 인격적으로 직면시키는 학교, 학업을 훈련의 관점으로 볼 수 있는 학교, 세상의 학교가 감당하지 못하는 연약한 아이를 주님의 마음으로 품을 수 있는 학교, 기도하는 학교, 믿음의 다음 세대를 키워내는 학교, 선생님이 존경받는 학교, 부모가 성장하는 학교. 이런 멋진 학교를 우리 규원이가 다니고 있다니.

얼마 전에는 더힘스쿨 학생들 모두 제주도로 리트리트retreat를 갔다. 단체 여행에서 오는 스트레스가 쌓였는지 수진이는 첫날부터 공격적 성향을 드러냈다. 문제는 바로 터졌다. 아이들과 함께 돌하르방 앞에서 단체 사진을 찍는데 수진이가 분노조절을 못 해서 손에 잡히는 대로 주변에서 큼지막한 돌을 집어 들어 "던진다, 이거 던진다!" 하면서 아이들을 위협하기 시작했다. 나는 너무 놀라 수진이를 말리며 찬찬히 타일렀다. "수진아, 그 돌 내려놔. 아이들 다쳐." 그러나 말이 채 끝나기도 전에 수진이는 잡고 있던 돌을 나에게 세게 던졌다. 피할 새도 없이 나는 날아오는 돌을 맞고 말았다. 가슴에 극심한 통증이 밀려왔지만 일단 내색하지 않고 놀란 아이들을 진정시키며 모든 일정을 계획대로 마쳤다.

저녁이 되어 숙소에 돌아와 옷을 벗으니 몸에 시퍼렇게 멍이 들어 있었다. 마침 남편의 안부 전화가 걸려 왔다. 하루 무사히 보냈냐는 남편의 목소리를 듣자 하루 종일 수진이에게 시달렸던 설움이 북받쳐 어린아이처럼 펑펑 울기 시작했다. 뜻밖의 울음에 당황해하는 남편이 무슨 일이냐며 묻는데 나는 아무 대답 없이 한참 동안 넋 놓고 울기만 했다. 조금 진정된 내가 그날 있었던 일을 남편에게 고하는데 다른 한편으로 그간 학교에서 수진이를 일주일 동안 하루 내내 가르쳐왔던 김은희 선생님이 불현듯 떠올랐다. '아, 그렇구나. 나는 이렇게 잠깐 수진이를 보는 것도 힘든데, 김 선생님은 이 모든 고충을 하루 종일 겪고 견디고 있었구나. 매일이 전쟁터였겠구나. 얼마나 힘들까.' 그 순간 선생님이 내 마음속에 훅 들어왔다.

수진이의 발버둥은 아직 진행형이다. 많이 나아졌다고는 하지만, 여전히 자기 마음에 안 들면 요즘도 데굴데굴 구르거나 울음을 터뜨린다. 그래도 교사를 때리는 건 많이 자제하려고 한다. 옆에서 보면 애쓰는 게 보인다. 얼마나 다행인가? 수진이 딴에는 매일 같이 ADHD의 자장磁場을 벗어나려고 분투하고 있는 것이다. 하루는 다른 학생과 달리 매일 두 시간 일찍 하교하는 수진이에게 친구들이 다가가 우리와 더 있다가 가면 좋겠다고 말했다. 아이들도 수진이를 위해 나름 노력하는 게 느껴졌다. 처음엔 지나쳤는데 그 말이 마음에 남았는지 수진이가 며칠 뒤 담임선생님에게 "다음 주부터는 네 시까지 참고 있어 볼게요."라고 말했다고 한다. 나는 그 이야기를 듣고 너무 잘 됐다고 했다. 그런데 담임선생님이 전해준 수진이의 다음 말에 나는 무너지듯 그 자리에 쓰러져 펑펑 울고 말았다.

"선생님, 근데요. 제가 네 시까지 남으면 힘들어서 선생님을 때릴지도 몰라요. 괜찮아요?"

띄엄띄엄 말하는 수진이를 꼭 끌어안으며 담임선생님은 이렇게 말했다고 한다.

"수진아, 너는 할 수 있어. 그리고 지금도 잘 해내고 있어."

그 말을 내게 전하는 교사의 눈가에는 이미 닭똥 같은 눈물이 뚝뚝 떨어지고 있었다. 나는 그런 선생과 체면 불고하고 함께 펑펑 울었다. '노력하고 있구나. 힘들어서, 너무 힘들어서 견딜 수 없지만 참고 있구나.' 나는 수진이의 내면이 조금씩 단단해지고 있는 걸 느낀다. 선생님을 때리면 안 된다는 걸 알고 있고, 그래서 자기를 어떻게 해서든 제어하려고 갖은 노력을 다하고 있다는 걸 알게 되었다. 그런 수진이와 선생님께 귓속말로 이렇게 말해주고 싶다.

"수진아, 힘내."
"선생님, 힘내세요." ❧

삶의 교실, 더힘스쿨의 3C 트라이앵글

"학생은 세상을 교실로 간주한다."
― 하비 맥케이 ―

나는 어려서부터 호기심이 많은 아이였다. 사람에 대해서 깊은 고민에 빠졌고, 한 번 생각에 빠지면 누가 불러도 듣지 못했다. 그래서 어머니한테 꾸중을 듣기도 했다. "미향아, 니는 뭐 한다고 불러도 그리 못 듣나?" 호기심은 사실 관찰에서 나오는 법이다. 나에게는 사람이든 사물이든 속속들이 들여다보는 습관이 있었다. 당연히 궁금한 것도 많고 질문도 많았다. 사람은 대체 어디서 와서 어디로 가며, 남자는 왜 남자로 태어나고, 여자는 왜 여자로 길러지나? 무엇이 날 여자로 살게 하나? 꼬리에 꼬리를 무는 질문들은 내 몸을 관찰하고 다른 친구를 관찰하며 이를 비교하여 차이점을 찾아내는 것까지 나아갔다. 그러다 보니 관련 책도 읽게 되고 백과사전도 펼쳐보게 되었다. 왜 여자아이들은 서서 소변을 볼 수 없을까? 어린 나이에는 소변을 볼 때 성기 구조가 남자아이들과 다르다는 것을 인지하기 전이니까 궁금증은 때로 엉뚱한 곳으로 빠지기도 했다. 친구들은 이런 내가 신기하기도 하고 이상하기도 했던지 뭐 그딴 시시한 걸 묻느냐며 도리어 무시했다.

내 질문 습관은 영 고쳐지지가 않았다. 어른이 되고서도 궁금한 것 투성이였다. 유치원 교사가 되고 보니 새로운 질문이 생겼다. 여자아이들은 왜 꼭 치마를 입어야 할까? 여자아이들은 정말 치마 입기를 원할까? 아니면 사회에서 문화적으로 학습된 걸까? 그러다 보니 사람과 사회를 연구해 놓은 각종 이론에 대한 책들을 읽기 시작했다. 발달심리학, 인류학, 사회학 등 꽤 전문적인 책들도 섭렵했다. 출발은 남녀의 성차에 대한 질문이었지만, 시간이 지나면서 결국엔 사람 자체에 대한 본질적인 고민으로 이어졌다. 왜 군이 이런 어려운 일을 극복해야 하나? 인간에게 자살은 어떤 의미일까? 신은 과연 존재할까? 그렇다고 염세주의자는 아니었고, 이런 질문과 의문은 결국 신앙으로 해결할 수밖에 없었다. '모든 질문은 과학에서 출발하여 신학에서 마친다.'는 말도 있잖은가? 하루는 우주선에서 지구를 바라본 우주비행사가 하나님의 창조에 감탄했다는 글을 읽었다. 그때 이해하기 때문에 믿는 게 아니라 믿기 때문에 이해한다는 원리를 알게 되었다.

더힘스쿨은 하나님을 아는 것이 모든 지혜의 근본임을 고백하는 학교다. 나는 항상 교사에게 교실에 들어가기 전 "언제나 힘스HIMS의 약자를 생각하세요."라는 주문을 던진다. '힘스'는 홀리 인터내셔널 몬테소리 스쿨Holy International Montessori School의 약자다. 일단 몬테소리 교육 자체가 국제적이다. 몬테소리 교육이 들어간 국가는 모두 동일한 학제, 동일한 철학에 따라 학교를 운영한다. 오늘날 러시아나 미국, 인도, 일본, 중국, 사우디 등 모든 나라가 똑같은 방법으로 몬테소리 교육을 진행하고 있다. 한마디로 몬테소리라는 단어가 들어간 전 세계 모든 기관은 다 자매 교육기관이라고 봐도 무방하다. 아빠가 인도네시아에 주재원으로 가게 된 더힘스쿨 학생은 인도네시아에서 몬테소리 교육과정을 이어서 밟을 수 있다.

그런데 힘스의 또 다른 의미는 영어로 그분[him]을 알자는 것이다. 교육은 인간의 사치품이 아니다. 교육은 인간이 신의 모사이자 하나님의 형상을 따라 지어진 피조물임을 깨닫게 하는 활동이다. 신을 아는 것은 교육의 근간이다. "그러므로 우리가 여호와를 알자. 힘써 여호와를 알자. 그의 나오심은 새벽빛 같이 일정하니 비와 같이, 땅을 적시는 늦은 비와 같이 우리에게 임하시리라 하리라."(호세아서 6장 3절) 또한 힘스는 우리나라말로 힘[力]이라는 뜻도 있다. 교육은 아이의 내적 힘을 키우는 것이다. 집중력, 분석력, 창조력, 이해력, 집착력, 인내력, 사고력 등 몬테소리 교육을 통해 아이의 힘을 키운다.

더힘스쿨은 '국제학교'라는 이름으로 부모를 현혹하는 것과 차이가 있다. 보통 우리나라 국제학교의 열에 아홉은 영어로 수업한다고 학생들을 모집한다. 영어유치원이라며 언어의 결정적 시기에 영어로 전체수업을 한다고 한다. 안타까운 점은 줄어드는 모국어의 어휘력, 늘지 않는 영어로 인해 사고할 수 있는 시기를 놓치게 된다는 사실이다. 제롬 부르너Jerome Bruner는 언어가 인지를 구축한다고 했다. 나는 학부모에게 영어로 수업하면 안 된다고 말한다. 초등학교 저학년 시기에는 분노의 언어, 기쁨의 언어, 생각의 언어를 하나로 정할 필요가 있기 때문이다. 이 시기에는 외국어보다 절대적으로 모국어가 두뇌에 장착되어야 한다. "더힘스쿨은 국제학교나 영재학교를 보내기 위해 준비하는 학교가 아닙니다." 대신 나는 이렇게 말한다. "더힘스쿨은 타고난 영재와 겨뤄볼 만한 힘을 키우는 학교입니다."

더힘스쿨은 영성과 협동 정신, 창의성을 교육의 가치로 삼는다. 영성은 예수님의 49가지 품성을 배우고 삶에 적용하는 과정에서 얻어진다. 협동 정신은 혼합연령으로 이뤄진 교실 안에서 아이들의 리더십과 협업 능력을 극대화하는 과정에서 길러진다. 창의성은 몬테소리 교육 프로그램과 독서 프로그램을 통해 융합적, 비판적 사고 능력을 개발한다. 이를 '힘스 3C 트라이앵글'이라고 부른다. 3C 트라이앵글은 세 개의 C로 시작하는 주제어가 트라이앵글처럼 중앙에 삼각형을 이루고 있는데, 더힘스쿨 교육의 핵심 가치를 드러낸다. 첫 번째 C

는 예수님의 품성Characteristics of Jesus이다. 예수님은 '네 이웃을 네 몸과 같이 사랑하라.'는 복음을 우리에게 가르쳤다. 더힘스쿨 학생들은 성경 공부와 큐티QT, 예배와 묵상을 통해 겸손과 사랑, 인내와 화합의 가치를 배우고 실천한다. 진리가 기준이 되는 '어떤 대가를 치르더라도 옳은 것을 선택하는 내면의 동기' 즉 품성을 배우고 실천하여 참다운 성공의 기준을 가진다. 학부모 중에는 "학교가 마치 교회 가는 거 같아요."라고 농담을 던지는 분도 있는데, 나는 고개를 끄덕이며 "그 말이 맞아요!"라고 말한다.

두 번째 C는 창의적 사고Creative Thinking다. 창의성에는 여러 요소가 있는데, 사람들은 언제나 기발한 것만 창의적이라고 착각한다. 남들이 생각하지 않는 것, 한 번도 존재하지 않는 것, 듣도 보도 못한 것이 창의성의 요소라고 믿는다. 하지만 창의성은 기초가 있어야 비로소 발휘될 수 있다. 배경지식이 있어야 응용도 가능하다. 더힘스쿨 교실에서 진행하는 모든 수업과 워크가 배경지식이 되고, 레슨은 지식을 배열하는 기준이 되어준다. 누구는 화산의 구조를 통해 지구과학을, 누구는 화산으로 지질학을, 누구는 화산으로 지리학을, 누구는 화산으로 기상학을 배울 수 있는 것이다. 상상의 섬을 만들고, 나만의 나라를 창조하는 것, 이러면서 아이들의 꿈도 기른다. 국기도 제작하고 국가의 가사도 써보면서 애국심의 의미를 떠올려 보고, 화폐도 만들면서 거시경제의 원리를 배우고, 수도와 도시를 건설하면서 개발공학과 건축학을 공부할 수 있다.

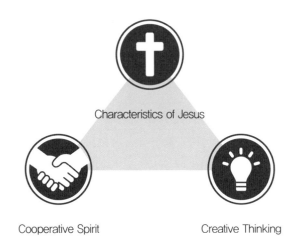

마지막으로 세 번째 C는 협력 정신Cooperative Spirit이다. 협력은 사회에 진출하기 전 학교에서 배울 수 있는 중요한 가치다. '함께 노를 저을 수 있는 사람을 찾아라Find some together peddle.' 미 해군참모총장이 한 말이라고 한다. "나는 키맨key man이다. 노를 젓는 사람은 당신들이다." 조정 경기를 보라. 노는 아무렇게나 젓는 게 아니다. 키맨의 구령에 따라 함께 박자를 맞추고 선수 모두가 힘을 균등히 배분해서 노를 젓는다. 그래야 배가 기우뚱하거나 뒤집히지 않는다. 모두 합심해야 원하는 방향으로, 목표 지점으로, 그것도 빠른 속도로 배가 나아간다. 교사들과 회의할 때나 아이들과 공동 프로젝트를 구상할 때도 함께 맞춰 노를 저어야 하고 박자를 맞춰야 한다. 누구 하나 의협심에 튀거나 의욕이 넘쳐 노를 세게 저으면 배는 한쪽으로 틀어지게 된다. 아이는 교실에서 협력 정신이 얼마나 중요한지 배운다. 1 더하기 1은 2가 아니다. 3도 되고 4도 될 수 있다. 협력은 시너지를 낸다. 나 혼자 하는 게 아니라 함께 할 때 더 의미 있고 결과도 더 좋다. ❖

오감을 넘어 영성을 깨워라

"오감은 아이가 바깥세상을 이해할 수 있도록 도와주는 창과 같다"
— 마리아 몬테소리 —

사람을 흔히 종교적 인간homo religiosus이라 부른다. 지중해의 고대 도시 차탈회위크 유적에서부터 그리스 아테네의 파르테논 신전에 이르기까지 인간은 신을 섬기고 불멸을 꿈꿨다. 이를 두고 성경은 인간에게 '영원을 사모하는 마음'이 있다고 말한다. 위대한 정복자는 자신의 이름에 신명을 붙였고, 그렇게 영원한 존재로 거듭나면 도시에 자신의 이름을, 주화에 자신의 얼굴을 박았다.

마리아 몬테소리는 일찍이 아이 내면에 깃들어 있는 영성을 중요한 가치로 보았다. 그녀가 위대한 교육자이기에 앞서 신실한 신앙인이었음을 기억할 필요가 있다. 몬테소리 여사는 아이와 세상의 관계를 묘

사할 때 성경을 인용했고, 학교에서 영성을 위한 교육을 해야 한다고 여러 번 언급했다. 아이가 보고 느끼는 종교 현상은 착각이나 환상이 아니다. 그녀는 "인간에게 영성이야말로 가장 위대한 실재"라고 힘주어 말했다. "어린이들의 생명을 영혼에 점화하기 위해서는 유아기부터 종교 교육을 실시하는 것 이외에 다른 방법은 없다."* 몬테소리는 인간이 가진 본질에 관심을 가지고 깊은 관찰을 통해 인간이 얼마나 영적인 존재인지를 발견하였다. 아이를 포함한 인간은 근본적으로 영적인 존재이다. 영성은 인간의 선천적 특성이다. 국내에 수입된 정체불명의 몬테소리 교육이 정신과 영성은 거세한 채 기능과 외형만 '몬테소리'를 표방하고 있다. 안타까운 일이다.

몬테소리 여사의 종교 교육은 과학 교육과 충돌하지 않는다. 몬테소리는 개인적으로 의학을 전공한 과학자였고 생전에 교육에 있어 과학적 방법론의 중요성을 여러 번 강조했다. 대표적인 과학적 방법론이 바로 '관찰'이다. 그녀는 교육이 관찰을 통해 얻어진 데이터를 논리적으로 추론하고 실증적으로 분석하는 과학과 전혀 다르지 않다고 믿었다. 이를 입증하기 위해 그녀는 어린이집을 하나의 거대한 실험장으로 놓고 교사로서 아이의 발달 단계를 직접 관찰하고 자신의 이론으로 정립했다. 동시에 몬테소리는 아이가 공통적으로 교육에서 물

※ 「몬테소리의 어린이들을 위한 종교교육」, 41.

리와 화학, 수학과 지질학을 넘어서는 영적 세계에 대한 호기심을 갖는다는 사실을 확인했다. 몬테소리 여사가 1907년 1월 어린이집에 종교 코너를 마련하여 어린 시절부터 아이들이 내면의 신앙심을 발견하고 키워갈 수 있도록 배려했던 건 잘 알려진 사실이다.

많은 사람이 과학이 종교를 인간의 사유에서 밀어냈기 때문에 더 이상 종교는 의미가 없다고 말한다. 절대 그렇지 않다. 신앙은 궁극의 의미를 묻는 인간의 가장 본질적인 지혜에 해당한다. 종교는 격물치지格物致知의 방법으로 과학과 또 다른 관점을 갖는다. 인간의 뇌도 좌뇌와 우뇌가 있듯, 인간은 영성과 과학의 합리성을 모두 써서 세상을 관찰하고 진리를 추구한다. "역사 연구에서 고대 종교를 무시하거나 경멸하는 것은 더 이상 허용되지 않는다. 영성이 인간의 심리에서 아주 중요한 부분을 차지하기 때문이다. 대단히 원시적인 인간도 영성을 가지고 있었으며, 이 영성은 그들로 하여금 산 자와 죽은 자, 나무, 태양과 별에서 정령을 보도록 만들었다. 원시인들은 상상의 눈으로 그것들을 보며, 우리도 상상력을 발휘하면서 자연에 존재하는 신비를 지각할 수 있다. 사람은 종교 없이 살지 못하며, 종교는 그 사람의 발달의 각 단계에 적절해야 한다."[**]

몬테소리 교육에 왜 종교 교육이 들어가냐고 묻는 이들이 있다. 몬

[**] 『잠재력을 깨우는 교육』, 163.

테소리 여사는 가톨릭 신자였다. 그녀는 의학이라는 첨단 학문을 통해 누구보다 뛰어난 시대의 지성을 갖췄지만, 평생 신앙의 끈을 놓지 않았으며 끊임없이 절대자의 도움을 간구했다. 당시 권위주의적 교육론에 맞서 아이의 잠재력을 끌어내는 주도적 학습법을 전 세계에 열정적으로 소개하던 상황 속에서도, 젊은 나이에 미혼모라는 꼬리표를 받아 들고 자기 아들을 끝까지 조카라고 불러야 했던 기구한 운명 속에서도 그녀는 신앙인이기를 멈추지 않았다. 따라서 몬테소리 교육철학을 주장하고 그녀의 교육 체계를 적용하면서 정작 아이들에게 영성과 종교 교육을 시행하지 않는 건 난센스다. 오늘날 우리 주변에 영적 성숙은 원하지 않고 오로지 '몬테소리'라는 간판만을 원하는 상업적 교육기관이 얼마나 즐비한가?

마리아 몬테소리는 동시대 다른 교육학자들에게서 발견할 수 없는 신앙에 바탕을 둔 인간관을 가지고 있었다. 그녀는 교육의 과정을 성경에 빗대어 설명하기를 즐겼다. 특히, 몬테소리가 고안한 교육과정은 하나님을 깊이 인식하도록 만들어져 있다. 하나님께서 우리 인간을 창조하실 때, 그 코에 생기를 불어 넣었고 살아 움직이는 생령이 되었다. 육체는 우리의 영을 담는 그릇이다. 그렇게 창조된 인간은 하나님의 형상imago dei을 반영하고 있기 때문에 순결하고, 거룩하고, 정직하고, 왜곡되지 않은 존재다. 그런데 아이들이 왜곡된 환경에서 성장하며 비정상적인 존재가 된다. 이를 정상화로 되돌리는 건 다시 하나님의 형상을 회복하는 것이다. 이 과정에서 신앙 교육은 큰 역할을 한다. 인공지능을 말하고 스마트 시티를 이야기하는 21세기에도 인간의 영성이 하나님과 연결되어 있음을 간과해서는 안 될 것이다. 아니, 포스트모던 시대에 신앙 교육은 더 중요한 가치이자 패러다임으로 꼽힌다. 4차 산업혁명에 걸맞은 인재상을 제시하며 클라우스 슈밥Klaus Schwab은 미래의 인재는 맥락contextual 지능과 함께 정서emotional 지능, 신체physical 지능, 그리고 영감inspired 지능을 갖추어야 한다고 말했다.

런던에서 행한 강연에서 몬테소리 여사는 "종교는 우주적 감성이며, 태초부터 모든 사람 안에 존재했던 것이라는 사실을 기억해야 한다. 언어와 종교는 모든 인간 집단의 특징이다. 우리 인간이 영성이 부족하다면 이는 분명 인간 발달의 근본적인 그 무엇이 결핍된 것"이라고 했다.*** 몬테소리 교육에서 종교 교육은 아이가 타인과 사물을 사랑하고 수용하며 도덕적으로 자유와 책임감을 갖도록 만들어 주는 수단인 셈이다. 한번은 교육의 비밀에 관하여 이렇게 말했다. "교육의 비밀은 사람 속에 있는 신적인 것을 인식하고 관찰하는 데 있다. 즉 사람 속에 있는 신적인 것을 알아내고 그것을 사랑하며 그것에 봉사하되, 창조자의 위치가 아니라 피조물의 위치에서 돕고 함께 일하는 데 있다. 우리는 신적인 작용에 힘을 더해야 하지만, 그의 자리를

*** 「다원주의 사회에서 몬테소리 유아 인성 교육의 의미」, 73~74.

차지해서는 안 된다. 그렇지 않으면 우리는 자연을 잘못된 길로 이끄는 자가 되기 때문이다."****

더힘스쿨은 아이에게 하나님의 위대함을 가르치는 데 주저함이 없다. 학년을 불문하고 더힘스쿨 모든 학생은 주중 1교시 수업 전에 모닝부스트와 큐티를 해야 한다. 모두 자신의 큐티 노트를 가지고 있다. 여기엔 예외가 없다. 그리고 매 주일 한 번씩 예배를 드린다. 정기적으로 목사님이 방문하여 예배를 진행한다. 부모 참여 수업에 역시 예배 순서가 있다. 비신자로 학교에 입학한 자녀는 기독교 세계관을 가지게 되면서 신앙의 가치를 발견하고 자신뿐 아니라 가족까지 신앙을 수용한다. 이는 더힘스쿨의 커뮤니티 트라이앵글에 잘 나타난다. 신앙교육은 학교만의 몫이 아니다. 진정한 교육은 학교와 가정, 그리고 교회가 하나의 삼위일체를 이루고 그 안에서 빚어내는 결과물이 되어야 한다. 이때 삼각형은 정삼각형이어야 한다. 다시 말해, 학교나 가정, 교회 어느 것 하나 다른 것보다 더 강조되거나 주도되어선 안 된다. 더힘스쿨은 약 40퍼센트의 비기독교인의 자녀가 입학한다. 자녀를 통하여 복음을 듣고 부모님이 신앙생활을 시작한 가정은 꼽을 수 없을 만큼 많다. 하나님은 더힘스쿨에서 구원의 계획을 이루고 계시며 기독교 세계관을 가진 다음세대를 양육하고 계신다.

**** 「몬테소리 평전」, 352~353에서 재인용.

"사랑하는자여 네 영혼이 잘됨같이 네가 범사에 잘되고 강건하기를 내가 간구하노라"(요한삼서 1장 2절) 그렇다. 영과혼이 제대로 세워져 있어야 육신을 통제할 수 있다. 즉 하나님의 자녀가 되는 것이 영혼이 잘되고 육신의 일도 잘 된다는 뜻이다.

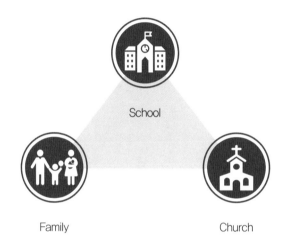

| 커뮤니티 트라이앵글: 더힘스쿨 교육은 학교와 가정, 교회가 삼위일체로 만들어 낸다. |

나아가 더힘스쿨의 기독교 교육은 인류 공영과 세계 평화를 지향하는 평화 교육에도 맞닿아 있다. 이 부분에 대해서는 뒤에서 자세히 설명하겠다. ❖

기적을 대하는 눈으로 아이를 관찰하라

"모든 아이가 똑같은 날 똑같은 방식으로 배울 수 있는 건 아니다."
— 조지 에번스 —

몬테소리 여사의 글은 읽을 때마다 나는 감동에 젖는다. 어떻게 이렇게 정확하게 아이의 본질을 이해할 수 있을까? 그녀는 인간의 본질에 대해 다룬다. 그도 그럴 것이 그녀는 당시 성역할에 대한 시대적 편견을 깨고 의학을 공부했다. 몬테소리 여사는 여자라는 통념을 깨고 교육부 장관에 오른다. 어디 그뿐인가. 싱글맘으로 낳은 아들을 끝까지 지켰다. 말년에 무솔리니 정권을 피해 스페인으로 망명을 간 것도 아들과 함께 지내기 위해서였다. 자신이 낳은 아이 다섯을 구휼원에 유기했던 루소Jean-Jacques Rousseau처럼 무책임한 부모로 전락하지 않았다. 이유는 간단하다. 그녀는 아이의 본질을 알고 있었기 때문이다. 그래서 그녀는 교육에 관한 저술을 남기면서도 철학자들이 '그렇지 않을까?'라고 말하는 사변적 언어가 아닌 임상으로 뒷받침된 과학적 언어, 실증적 언어를 사용했다.

몬테소리 교육의 핵심은 '아이를 따라가라Follow the child.'라는 명제로 압축된다고 해도 과언이 아니다. 몬테소리 여사는 일찍이 말했다. "아이를 따라가라. 그러면 아이가 무엇을 해야 하는지, 아이 스스로 무엇을 발전시켜야 하는지, 어떤 영역에서 도전받아야 하는지 보여줄 것이다. 아이가 어떤 대상을 가지고 자신의 워크를 끈기 있게 하는 목적은 지식만 배우기 위함이 아니다. 아이는 그것을 수단으로 깨닫고 계발해야 할 내적 필요에 이끌려 하는 것이다." 과연 이게 무슨 말일까? 이는 세 개의 과정으로 압축된다. 먼저 아이가 집중할 수 있는 환경을 조성하는 것이고, 다음으로 간섭하지 않고 아이를 관찰하는 것이며, 마지막으로 아이에게 필요한 것을 제공하는 것이다.

첫 번째는 환경이다. 그간 교육에서 환경의 중요성은 간과되었다. 환경은 아마도 아이가 가질 수 있는 가장 훌륭한 교사일 것이다. 아이는 환경을 통해 경험하고 지식을 얻는다. 산만한 아이는 환경이 산만하기 때문이다. 어른이나 교사도 아이가 맞닥뜨린 환경의 일부다. 아이의 성장과 발달에 필수적인 환경이 아니라면 어른이나 교사도 불필요하다. 어른도 아이의 필요에 스스로 적응해야 한다. 부모나 교사는 아이를 두르고 있는 환경의 일부에 불과하며, 아이가 집중할 수 있도록 돕는 조력자 역할을 할 뿐 주도적인 역할을 해선 안 된다. 몬테소리 여사는 "아이의 필요를 충족시키는 환경을 준비하고 완벽한 길을 방해할 수 있는 장애물을 제거하는 것을 제외하고 교사가 할 수 있는 건 없다."고 말했다.

　두 번째는 관찰이다. 환경이 충분히 조성되었다면 부모가 교사가 그 다음으로 해야 할 일은 아이를 관찰하는 것이다. 관찰은 대상을 '있는 그대로' 보는 것이다. 여기에 교사 자신의 생각이나 판단이 들어가서는 안 된다. 아이가 했으면 하는 기대와 선입견을 갖고 관찰하다 보면 자칫 아이에게 실망하거나 요구할 수 있다. 아이의 성장 속도는 모두 제각각이다. 아이가 일정한 지점에 도달할 때까지 참을성 있게 기다려 주는 인내심이 필요하다. 아이는 무엇을 해야 할지 스스로 선택하고 결정해야 한다. 이 과정에서 아이는 전적인 자유를 부여받아야 한다. 아이가 자신의 호기심에 따라 자유롭게 탐험할 수 있는 환경이 조성되어야 한다. 아이에게 선택권이 없는 교실은 학습의 자율성을 크게 훼손할 수 있다. 물론 자유를 준다는 말은 아이가 언제나 자기가 하고 싶은 대로 하게 내버려 두는 건 아니다. 이것은 몬테소리 교육에 관한 가장 흔한 오해다. 심지어 일부 몬테소리 교사들조차 잘못 알고 있는 부분이다. 한계가 없는 세상은 없다. 아니 도리어 한계가 있기 때문에 현실이다.

관찰이 빠지면 그 교실은 생기가 없고 죽은 것이나 다를 바 없다. 교사는 교실에서 아이의 행동conduct과 작업work, 순종obedience을 관찰한다. 아이가 어떤 행동을 할 때 이면의 동기를 점검하고 얼마나 자발적이었는지 정직한 동기로 행동하는지를 관찰하여야 한다. 한편 교실에서 이루어지는 일련의 과정에서 아이가 반응하는 행동 양상도 구체적으로 관찰되어져야 한다. 아이가 하는 작업(워크)은 학습의 형태와 속도, 수준 등을 파악하는 중요한 단서가 된다. 작업을 관찰할 때 교사는 개입을 최소화하면서 아이가 집중하는 과정을 방해하지 않아야 한다. 순종 역시 관찰의 중요한 포인트다. 교사 또는 권위자의 지시에 어떻게 순종하는지, 얼마나 빠르게 순종하는지를 관찰하여 아이의 내면 상태를 관찰하여야 한다.

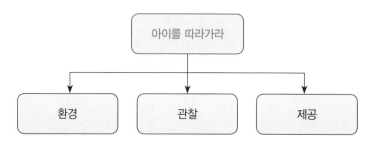

┃ 몬테소리 교실에서 교사의 역할 ┃

세 번째는 제공이다. 아이는 자유롭게 자신의 호기심을 활용하여 다양한 주제를 파고든다. 지칠 줄 모르는 호기심은 때로 아이가 장시간 특정 사물에 집중하도록 만든다. 관찰을 통해 교사나 부모는 아이가 주어진 환경에서 필요한 것을 얻지 못할 경우 제때 이를 공급해 주어야 한다. 물론 사물이 아니라 자극이나 동기, 정보 같은 추상적인 것이 될 수도 있다. 아이가 필요로 한다면 시간을 더 제공할 수도 있다. 이 과정에서 아이는 점차 시간을 통제하고 관리하는 법을 터득할 수 있다. 아이가 질문을 할 때 교사는 적절한 답변을 제공해 줄 수 있다. 주도적 학습을 하는 아이는 인생을 주도적으로 살 수 있다. 주도적 학습을 하지 못하는 아이는 성인이 되어서도 주도적 삶을 살 수 없다. 공부 시간을 스스로 정하고 계획에 따라 행동으로 옮기는 경험이 아이의 삶에서 누적되어야 한다. 자율성은 방종이 아니다. 자신이 설계한 규율 속에서 스스로를 통제할 수 있느냐를 배우는 것이다.

아이를 따라가는 것은 무한정 아이의 비위를 맞추는 게 아니다. 아이가 스스로 환경을 통제하고 자기 일에 집중할 수 있는 능력을 기르게 하라는 것이다. 부모가 대신 해줄 수 없다. 스스로 답을 찾아야 한다. 몬테소리 여사는 말했다. "아이는 어른에게 의존하기를 원하지 않기 때문이 아니라 자신 안에 어떤 것들을 하고 다른 것들을 하지 않기를 바라는 어떤 불길, 즉 충동이 있기 때문에 먼저 자신의 독립을 찾는 것이다." 아이가 학습에 집중하고 있을 때 그 아이는 교사나 부모의 동의를 구하는 게 아니다. 교사의 일은 오로지 아이의 호기심을 존중하고 학습 과정을 신뢰하고, 성취든 실패든 아이 스스로 발견할 수 있도록 끈기 있게 기다리는 것이다. 아이가 무언가를 시도할 수 있도록 허락하는 일은 교사로서 위대한 결단이다. 그러한 경험으로 아이가 미래에 더 독립적인 결정을 내릴 수 있기 때문이다. ❖

교학상장, 가르치면서 배운다

"가르치는 것이야말로 계속 배울 수 있는 최고의 방법이다."
― 매티어 하비 ―

더힘스쿨의 강점은 어디서 나오는 걸까? 어쩌면 그 비결은 "가르치는 것이야말로 계속 배울 수 있는 최고의 방법이다."라는 매티어 하비의 금언에 있는지 모른다. 아이들을 가르치다 보면 때로는 서로가 서로에게 선생이 되고 때로는 학생이 되는 걸 수업 시간에 자주 보게 된다. 내가 가진 지식은 그 자체로도 가치가 있을 수 있지만, 해당 지식을 누군가에게 효과적으로 전달하지 못한다면 그건 그 지식을 정확히 알지도, 제대로 소유하지도 못한 것이다. 그래서 "단순한 말로 무언가를 설명할 수 없다면 우리는 그것을 이해하지 못한 것이다."라는 리처드 파인만Ricahrd P. Feynman의 말이 이해된다.

내가 무언가 이해하고 있는지 확인하려면 먼저 남을 가르쳐 보라는 말이 있다. 실제로 학생은 친구에게 무언가를 가르칠 수 있을 때 해당 주제를 깊이 이해하고 있는지 스스로 확인할 수 있다. 이를 흔히 교학 상장教學相長이라고 한다. 내가 너무 사랑하는 말이다. 배우고 가르치며 학생도 성장하지만 선생도 함께 성장한다니 말이다. 교학상장은 『예기』의 「학기편」에 나오는 사자성어다. 교학상장은 몬테소리 철학과 더힘스쿨의 교육 철학에서도 매우 중요한 주제이기 때문에 조금 길지만 여기에서 잠깐 설명하고자 한다.

"비록 맛있는 요리가 있어도 먹어보지 않으면 그 맛을 알 수 없고 雖有佳肴 不食不知其旨也, 비록 진리가 있어도 배우지 않으면 그 좋음을 알 수 없다雖有至道 不學不知其善也. 고로 배운 후에야 부족함을 알고 가르친 후에야 비로소 어려움을 안다是故學然後知不足 敎然後知困. 부족함을 안 후에야 스스로 반성하고 어려움을 안 후에야 스스로 강해진다知不足然後 能自反也 知困然後能自强也. 그러므로 가르치고 배우며 서로 성장하는 것이다故曰敎學相長也."

나는 어려서부터 가르치는 걸 좋아했다. 뭐든 보고 익힌 건 다 수업 자료가 되었다. 책을 읽고 내용을 조직해서 친구나 동생들에게 전달하는 것이 재미있고 즐거웠다. 그래서 고등학교 때 이미 마루에 평상을 펴놓고 동네 아이들을 데려다가 이것저것 가르쳤다. 코흘리개 아이들에게 덧셈, 뺄셈을 가르치고, 머리가 제법 굵은 애들은 알파벳과 영어 문장을 가르쳤다. 그때도 나뭇가지를 이용해서 아이가 직접 알파벳을 만들어 보게 하는 등 도구를 손으로 만져서 공부하게 했다. 아무것도 모르고 감각 교육을 시킨 셈이다. 어쩌면 그때부터 몬테소리가 내 운명 속에 들어 있었나 보다. 흥미로운 사실은 그렇게 아이들을 가르치면서 나 역시 배운다는 점이었다. 가르치기 위해서 이해가 안 가는 건 몇 번이고 들여다보았다. 또한 가르치면서 머릿속에 어지럽게 자리하고 있던 여러 개념과 정보가 하나의 주제 속에 일이관지一以貫之 통합되는 경험을 했다. 참으로 신기한 일이었다. 그래서 어려서부터 대학교수가 되고 싶었다. 잠깐 잔다르크 위인전을 읽고 여군을 꿈꿨던 때를 제외하고는 말이다.

몬테소리 교실은 교학상장의 배움터다. 학교는 학생들이 살아가는 사회이자 삶의 터전이다. 사회에는 또래 연령만 접촉하는 곳이 아니다. 세대가 달라도 같은 문제로 고민하고 협력해야 하는 곳이다. 몬테소리 교실은 교학상장의 배움터다. 즉, 혼합연령으로 구성된 교실이다. 학습을 성장의 도구로 보지 않고 효율성만을 강조한 동일학년으로 구성된 교실이 아니다. 고학년이 저학년에게, 저학년이 고학년에게 서로 배움을 주고받는다. 『논어』「술이편」에서 공자는 말했다. "세 명이 길을 걸어가면 그중에는 반드시 내 스승이 있다三人行, 必有我師焉. 그 가운데 나보다 나은 사람의 좋은 점을 골라 그것을 따르고, 나

보다 못한 사람의 좋지 않은 점을 골라 그것을 바로 잡아라撑其善者而從
之, 其不善者而改之."나이는 중요하지 않다. 배경도 중요하지 않다. 교사
도 학생도 구분이 없다. 누구나 선생이 될 수 있고 누구나 학생이 될
수 있다. 교학상장의 배움터는 수준의 퇴행이나 하향평준화가 아니
다. 서로의 장점으로 단점을 보완하며 두 아이가 교육이란 트랙 위를
달리는 이인삼각 경기다. 수학을 잘하는 아이는 수학에서, 영어를 잘
하는 아이는 영어에서 자기가 이해한 부분을 제공하는 선의의 지식
나눔이다. 이를 위해 더힘스쿨 교실은 혼합연령을 갖출 수밖에 없다.

전반기	영아단계 infant & toddler levels	(0세~3세)	가정 교육
	유아단계 early childhood levels	(3세~6세)	힘스유치원
후반기	초등단계 elementary levels	(6세~9세) (9세~12세)	더힘스쿨 1-2-3학년반(주니어) 더힘스쿨 4-5-6학년반(시니어)
	중고등단계 secondary levels	(12세~18세)	더힘스쿨 중학교(예정)

❘ 시기별 몬테소리 교육 단계와 더힘스쿨 혼합연령 ❘

교학상장은 자연스럽게 평화 교육과 생태 교육으로 이어진다. 1차,
2차 세계대전을 겪으면서 몬테소리 여사는 교육이 인류에게 평화의
무기를 가져다주어야 한다고 생각한다. 무분별한 이성의 추구와 권력
욕, 물질만능주의, 탐욕적인 자민족중심주의는 같은 인간을 도륙하고

민족을 말살했다. 학교도 다르지 않다. 크고 힘센 자가 작고 약한 자를 누르고 억압하는 것이 마치 세상의 원리이자 자연의 이치인 것처럼 가르친다. 육식동물이 초식동물을 잡아먹는 건 하늘이 허락한 지배이자 만고불변의 규범이라고 말한다. 그리고 '아는 것이 힘이다.'라는 등식과 자연스럽게 연결되면서 아이에게 친구와 동료를 이기고 짓밟는 것이 학습의 목표이자 삶의 원리라고 교육이라는 이름의 세뇌를 자행하고 있다. 한마디로 제국주의의 망령이 교육에 깃들어 있는 셈이다. 약소국은 강대국의 지배나 보호를 받아야 할 미약한 존재며 강대국의 속국으로 사는 것이 안전하고 바람직한 길이라고 노골적으로 말하고 있다.

이렇게 배운 갑을관계는 어른들이 만들어 놓은 사회 질서를 그대로 반영한다. 우등생이 열등생보다 더 큰 목소리를 내는 건 가진 자가 못 가진 자보다 더 큰 기득권을 갖는 것과 같다. 이는 인간이 자연에 끼치는 지배력에도 고스란히 전수되고 있다. 인간은 자신의 생존을 위해 동식물을 무분별하게 착취하고 개발의 이익을 얻기 위해 자연을 파괴하고 있다. 나누고 지배하라divide et impera. 그릇된 교육으로 오늘날 자연계는 신음하고 있다.

2차 대전 이후 몬테소리 여사가 강연을 통해 설파했던 평화 교육과 생태 교육은 아이들에게 사회에 평화롭고 긍정적인 구성원이 되고 자연을 사랑하는 시민으로 자라도록 가르쳐야 한다. 아이들 스스로 인류의 미래라는 사실을 인식하고 평화와 생태를 위해 학업을 이어가는 것임을 깨닫는 것이다. 그녀는 힘을 주어 강조했다. "교실의 평화가 이루어지면 세계의 전쟁은 없어질 것이다.", "갈등을 예방하는 것은 정치의 일이고 평화를 확립하는 것은 교육의 일이다.", "우리의 주된 관심사는 인류, 즉 모든 국가의 인간을 교육하여 공동의 목표를 추구하도록 인도하는 것이다." ❖

흡수정신, 아이를 깊이 이해하라

"아이들은 흡수력이 있다. 그들은 지치지 않고 주변 환경에서 지식을 흡수한다."
― 마리아 몬테소리 ―

아이는 그 자체로 하나의 기적이다. 아이는 세계의 운명과 인류의 미래를 바꿔놓을 존재기 때문이다. 몬테소리 여사는 일찍이 아이를 기적을 대하는 눈으로 관찰하라고 말했다. 이 말은 단순한 발언이 아니다. 이전까지의 모든 철학과 교육학의 근간을 완전히 뒤집는 선언이다. 근대 이전까지 아이는 온전한 인간이 아닌, 미발달한 존재, 인간의 결여태缺如態로 보는 관점이 지배적이었다. 아이는 성인으로 성장하기 위한 과정에 있으며, 인간으로서 완전함을 갖추지 못한 존재라고 여겨졌다. 이러한 관점은 고대 그리스 철학에서부터 천 년 이상 지속되었으며, 중세를 지나 근대에 이르기까지 그대로 이어졌다.

이런 관점의 뿌리는 고대 그리스 철학까지 거슬러 올라간다. 아리스토텔레스는 아이를 '아직 완성되지 않은 성인'이라고 정의했다. 아이는 병약하고, 신체적으로 불균형하며, 사고는 비이성적이다. 아이는 성숙한 인간보다는 차라리 동물에 가깝다. 아이는 온전한 유기체로 발달하지 못한, 그래서 기능을 충분히 활용하지 못하는 미성숙하고 미발달된 존재다. 따라서 아이는 어른이 갖는 책임에서 면제되며 동시에 권리와 혜택에서도 제외되어야 마땅하다. 그나마 남아에게는 성숙한 인간으로 자랄 수 있는 잠재력이라도 있으나, 여아나 노예의 자식은 몸은 자라도 계속 미숙한 아이의 상태에 머무를 수밖에 없다고 보았다.

이러한 관점은 오랫동안 서구를 지배해 왔다. 나아가 아리스토텔레스의 관점은 19세기 아이가 어른으로 성장하는 발달 단계를 인종도 똑같이 거친다는 우생학적 이해를 낳았다. 즉 인종의 역사도 미숙한 흑인에서 황인을 거쳐 종국에 원숙한 백인의 단계로 나아갔다는 주장이다. 무시무시한 주장이 아닐 수 없다. 많은 교육학자가 이러한 진화론적 발달 단계를 수용했고, 심지어 피아제도 한때 이러한 사고방식에 매몰되어 있었다. 우생학적 사고방식은 중세 시대부터 시작되었다. 중세 시대에는 아이를 단순히 '작은 어른'으로 생각했다. 아이는 지적으로 도덕적으로 사회적으로 모자라며 발달이 채 이뤄지지 않은 부족한 어른이라는 것이다. 이를 호문쿨루스homunculus라고 불렀는

데, 인간의 정자 속에 호문쿨루스가 웅크리고 있다가 자궁의 난자와 만나 비로소 아기로 태어난다고 믿었다. 이런 관점에서 남자는 인간 탄생에 모든 조건을 구유한 존재지만, 여자는 고작 양분만 제공할 뿐이었다.

몬테소리는 아이가 세상에 태어나는 순간부터 우리에게 경이로움을 선사한다. 그 작은 몸에서 뿜어져 나오는 호기심과 열정, 그리고 무한한 가능성은 우리를 놀라게 한다. 아이는 마치 지구별에 처음 당도한 외계의 존재처럼 망막에 맺히는 모든 피사체를 기이하게 여긴다. 이러한 아이의 모습을 바라볼 때, 우리는 경외감을 느끼게 된다. 아이는 인류에게 신의 존재를 설명하기 위해 왔다는 어느 철학자의 말을 상기하라. 아이는 그 자체로 기적이다. 아이는 단순히 가르쳐야 할 대상이 아니라 그 자체로 존중해야 할 존재다. 몬테소리 여사는 일찍이 말했다. "우리가 필요한 건 아이가 공부와 독립심을 추구하고 열정과 사랑을 충만히 드러내는 모습을 바라보는 기적과 같은 기적들로 가득 찬 세상이다."

이러한 몬테소리의 교육 철학을 이해하는 데 필요한 세 가지 개념이 있다. 호르메와 네불레 그리고 므네메가 바로 그것이다. 그녀의 철학은 매우 단순해서 한두 가지 설명으로도 누구나 쉽게 이해할 수 있다는 장점이 있다. 백여 년 전에 구상된 체계라고 해서 몬테소리의 교육 철학이 고리타분하거나 시대착오적이라고 주장하는 사람이 있다. 그녀는 페스탈로치나 헤르바르트보다 백여 년이나 후대에 활동했고, 듀이나 비고츠키, 피아제와는 동시대에 학자였다. 20세기 중반까지 왕성하게 활동했으며 그녀가 집필한 책들은 지금도 여전히 읽히고 있다.

몬테소리 여사는 아이를 솜이나 스펀지 같은 존재로 보았다. 바싹 마른 스펀지로 물이 쏟아진 책상을 닦아보라. 스펀지는 금세 표면 위의 물기를 빨아들일 것이다. 동시에 가벼웠던 스펀지는 수분을 빨아들이면서 중량을 얻게 된다. 아이 역시 마찬가지다. 아이는 본능적으로 주변의 정보를 빨아들일 수 있는 가벼운 스펀지다. 닥치는 대로 흡수하고 받아들이려 한다. 이를 두고 몬테소리는 아이가 태생적으로 '흡수 정신absorbent mind'을 가졌다고 말했다. 흡수 정신은 아이가 가진 선천적 본능이자 무의식이다. "어떻게 해서 아이는 환경을 흡수하는 것일까? 그것은 곧 감수성이라는 능력 덕분이다. 이것은 매우 강력한 것으로서 환경을 아이 내부 생명의 심원한 곳에까지 도달하게 하는 흥미와 열성을 불러일으킨다."*

흡수 정신은 여러 가지로 이루어져 있는데, 먼저 몬테소리 여사는 호르메를 말했다. '호르메Horme'는 아이가 스스로 주변을 탐구하고

*「몬테소리 교육과 어린이의 정신세계」, 253.

살펴보려는 충동이다. 아이는 자기 눈앞에 펼쳐진 사물에 본능적인 호기심을 갖고 있다. 그리스어로 호르메는 어떠한 물건이 움직이도록 끌거나 미는 힘을 의미한다. 아무리 연료를 가득 담고 있는 동력기라도 맨 처음 프로펠러를 돌려주지 않으면 시동이 걸리지 않는다. 활주로에 서 있는 비행기에 다가가서 수고스럽지만 누군가는 원동력原動力을 제공해야 한다. 이것이 호르메다. 즉 호르메는 창조적인 힘, 생의 약동이자 생명력인 엘랑비탈élan vital이다.

아이는 생래적生來的으로 이 호르메를 갖고 있다. 호르메가 없는 아이는 죽은 것이다. 호르메는 태어난 모든 아이에게 주어진 내재적 추진력이다. 아이는 가만히 놔둬도 이 호르메가 이끄는 경로에 따라 발달과 진화를 거듭한다. 주변의 무엇이든 흡수하고 빨아들이려는 아이의 본능은 바로 이 호르메에서 비롯한 것이다. 그래서 이 단어에서 오늘날 '호르몬'이라는 단어가 나온 건 우연이 아니다. 몬테소리 여사는 아이 안에서 꿈틀대는 이 무의식적인 힘을 경이롭게 표현한다. "아이의 독립성은 세상에 태어나자마자 시작된다. 아이가 발달하면서 그는 스스로 완벽해지며 자신의 경로에서 만나는 모든 장애를 극복한다. 아이 안에서 약동하는 활력은 목표로 나아가려는 아이를 인도한다. 이 힘이 바로 호르메다."

두 번째, 이 힘은 잠재력이라는 거대한 성운星雲으로 둘러싸여 있는

데, 몬테소리 여사는 이 잠재력을 '네불레Nebulae'라고 불렀다. 네불레는 몬테소리 여사가 평소 우주와 천문에 얼마나 많은 관심을 갖고 있었는지 알 수 있는 개념이다. 몬테소리는 태초에 성운이 중력과 회전의 힘으로 점점 밀도를 높이다가 태양계를 만들었다고 소개한다. 이처럼 네불레는 아이가 외부의 자극을 만났을 때 중력을 발휘하여 사고의 덩어리, 개념의 행성을 만들어 갈 수 있는 잠재력이다. 예를 들어, 아기가 어머니로부터 언어를 배우는 과정을 들여다보자. 아기는 외부에서 어떤 자극이라도 받아들일 수 있는 잠재력을 가지고 있다. 한국 어머니라면 한국어를, 미국 어머니라면 영어를, 일본 어머니라면 일어를 배울 수 있다. 네불레에 어떤 중력을 가하느냐에 따라 아이의 교육은 달라진다. 그래서 모국어mother tongue라 하지 않는가?

세 번째, 몬테소리 여사는 므네메에 대해 말했다. '므네메Mneme'는 아이가 가진 무의식적 기억력이다. 독일의 동물학자이자 기억력 연구자였던 리햐르트 제몬Richard Wolfgang Semon이 처음 제시했는데, 므네메는 인간이 정보를 기억할 때 하나의 암호로 뇌에 저장하며 상황에 따라 튀어나오게 하는 기억력이다. 심지어 그는 이 기억이 유전된다고도 주장했다. 후천적으로 습득한 지식이나 경험이 후대에 전달된다는 라마르크의 주장은 당시 생물학자와 심리학자들 사이에서 정설로 받아들여졌다. 물론 이런 입장을 오늘날 과학이 더 이상 지지하지 않지만, 제몬 역시 시대적 한계에 있을 수밖에 없다. 반면 몬테소리가 말한 므네메는 단순한 기억력이 아니다. 므네메에 남는 것은 기억의 축적이 아니라, 경험을 의식적인 기억으로 회상하는 힘이다.

몬테소리가 므네메에 대해 말한 부분을 한 번 읽어보자. "이런 위대한 기억은 므네메라 불린다. 아이가 무의식적으로 인간의 언어 소리를 알아보고 모방하기 위해 간직하는 건 바로 이 므네메 때문이다. 므네메 중에서 아주 작은 부분만이 의식의 경계를 뚫고 들어오며, 우리가 기억이라고 부르는 게 바로 그 부분이다. 어느 개인이 일생을 살면서 거치는 모든 경험은 므네메에 간직되며, 그 경험 중 지극히 적은 양만이 의식 속으로 들어간다."[**]

간단한 심리 실험을 해보자. 어떤 사람에게 철자를 여러 개 제시하고 기억해 달라고 부탁하라. 그런 다음에 며칠 지나서 그 철자를 순서대로 그대로 적어달라고 해보라. 아마 그 사람은 철자들을 까먹었을 것이다. 그러나 그 사람은 이번에는 그 철자들을 지난번보다 더 짧은 시간 안에 외울 수 있을 것이다. 이는 그 철자들이 므네메에 간직되어 있기 때문이다. 므네메의 작동은 마치 사진기와 같다. 아이가 본 모든 장면은 기억이라는 저장고에 무의식중에 저장된다.

[**] 『잠재력을 깨우는 교육』, 41.

호르메	네불레	므네메
아이 스스로 학습하도록 이끄는 원동력	아이 스스로 갖고 있는 무한한 잠재력	아이는 스스로 경험을 통해 구성하는 기억력

| 아이가 가진 세 가지 능력: 호르메, 네불레, 므네메 |

더힘스쿨은 몬테소리 여사의 교육 철학 중에 가장 핵심적인 흡수 정신과 그 세 가지 요소인 호르메와 네불레, 므네메를 연구하고 있다. 우리는 아이의 호르메를 어떻게 자극할 수 있을까? 나아가 우리 교육에 호르메는 무엇일까? 정권마다 이리저리 흔들리는 교육정책에서 벗어나 인류와 환경을 위해 우리 자녀가 바르게 클 수 있는 역동적 호르메는 어디서 찾을 수 있을까? 또한 아이가 태생적으로 부여받은 네불레와 므네메는 어떻게 키울 수 있을까? 다음 장에서 우리는 그 이야기를 더 할 것이다. ✤

노멀리즘, 교육의 육화

"정상화는 우리 작업의 단일한, 가장 중요한 결과물이다."
― 마리아 몬테소리 ―

몬테소리 교육 철학을 처음 접하는 부모라면 노멀리즘normalism이라는 말을 듣고 조금 놀랄지도 모른다. 노멀리즘은 단어 뜻 그대로 교육에서 '정상'을 추구한다는 말이다. 그렇다면 현재 우리 아이는 비정상이란 말인가? 그렇다. 아이는 포맷과 부팅이 되어 있지 않은 PC와 같다. 마리아 몬테소리는 아이를 '정상' 단계로 돌려놓아야 한다고 말했다. 몬테소리 여사는 일찍이 정상화normalization를 아이들이 수행해야 하는 전체 워크에서 가장 중요한 결과로 꼽았다. 내가 몬테소리 교육 철학 중에서 가장 중요하다고 생각하는 부분이 바로 아이의 정상화다.

몬테소리 여사가 말한 정상은 한 아이가 초등학교 1학년 때 덧셈을 할 수 있다고 해서 모든 1학년 아이들이 똑같이 덧셈을 할 수 있어야 한다는 것을 의미하지 않는다. 교실에 앉아있는 아이는 모두 그 자체로 고유하며 워크를 수행하는 방법과 시간 역시 제각각이다. 이들 중 덧셈을 풀어낸 '일부' 학생만 정상이라는 꼬리표를 달아주어선 안 된다. 정상이라는 척도의 상한선과 하한선 사이의 변동은 클 수밖에 없으며, 모두 정상으로 간주해야 한다. 아이는 '비정상적인' 현행 교육체계에서 뛰쳐나와 자신의 '정상'을 되찾아야 한다.

따라서 정상화라는 말은 아이를 '전형적인typical' 학생 또는 '평균적인average' 학생으로 만든다는 게 아니다. 무언가를 하고 싶은 아이의 욕구, 그것을 어떻게 하는지에 대한 이해, 그리고 실제로 그것을 하는 행동, 이 세 가지가 다 모였을 때 정상화가 시작된다. 정상화는 몬테소리 교육환경에서 아이가 주어진 워크에 자유롭게 집중하고 주도적으로 참여할 수 있는 능력을 계발하고, 몬테소리 교구를 통해 아이의 주의를 집중시켜 지속 가능한 자기 훈련을 완성하게 하는 토대다.

정상화를 방해하는 것은 오히려 아이가 부적절하거나 부족하다고 여기는 적대적인 환경이다. 발에 맞지 않는 신발을 신으면 생기는 물집처럼 아이는 외부의 평가에 상처받으며 그에 대한 반응으로 일탈을 감행한다. 잘못된 환경에 적응한 아이는 외부의 동기에 쉽게 학습의 즐거움을 잃고 게으르거나 버릇없이 구는 아이로 커간다. 그렇게 자란 아이는 성인이 되어 더 왜곡된 세계관을 갖고 경쟁에 매몰된다. 더 큰 문제는 아이가 일정한 표준을 넘겼다고 백점이나 완전, 완성, 성취, 패스 같은 단어를 매기는 행위다.

외부에서 주어지는 칭찬은 아이가 학업에 대한 내적 동기와 자발성을 방기하고 교사의 칭찬에 위안을 얻고 안주하거나 반대로 교사의 평가를 맹종하게 한다. "저 잘했죠? 저 맞는 거죠?" 아이는 자신의 워크를 하지 않고 교사의 꽁무니만 졸졸 따라다니며 스스로 어른의 눈높이에 맞춰지기를 원한다. 이런 비정상을 정상으로 돌리는 것이 몬테소리 여사가 말한 정상화다. "그러나 참된 인간의 업적을 이룩하는 사람, 정말로 위대한 승리의 무엇을 성취하는 사람은 '상'이라는 이름의 사소한 유인 때문에, 아니면 우리가 '벌'이라고 부르는 자질구레한 불편이 두려워 자신의 과업에 내몰리는 일은 절대로 없다."[*]

물론 정상화에도 단계가 있다. 흔히 오늘날 몬테소리 교육에서 말하는 정상화는 크게 세 단계로 이뤄진다. 노멀리즘의 첫 번째 단계는 바람직한 학습 환경에 아이를 두는 것에서 출발한다. 아이는 스스로 문제를 해결할 수 있다. 부모나 교사가 교실에서 아이의 문제를 대신

해결해 주어야 한다는 사고방식은 그 아이가 정상으로 나아가는 길에 장애물만 세워두는 꼴이다. 정서적 방황과 변덕, 무질서를 보이는 아이는 정상에서 '일탈'한 것으로, 아이 자체의 문제라기보다는 아이가 처해 있는 환경의 문제다.

'문제아'는 없다. '문제 환경'만 있을 뿐이다. 주의가 산만한 아이, 집착이 강한 아이, 어른에게 의존하는 아이, 도리어 어른을 갖고 노는 아이는 정상에서 벗어난 아이가 아니라 비정상적 환경에 놓여 있는 아이다. 환경이 정상으로 바뀌면 아이도 정상으로 돌아간다. 이처럼 첫 번째 단계에서 아이가 특정 과제, 워크를 수행하기 위해 교사는 관련 자료를 제공하거나 아이가 직접 자료를 수집하고 특정한 목표를 달성하도록 환경을 조성한다. 이때 교사는 절대 아이를 추궁하거나 강요하여 자발적으로 일으킨 학습 동기에 찬물을 끼얹어서는 안 된다.

두 번째 단계는 아이 스스로 호기심이 이끄는 대로 워크에 몰입하도록 놔두는 것이다. 아이는 자신이 흥미를 느끼는 워크에 집중할 수밖에 없다. 스스로 세운 목표이기 때문에 교사나 어른의 허락이나 동의를 받을 필요도 없다. 마지막 세 번째 단계는 휴식이다. 워크를 완료함으로 아이가 만족감을 얻고 동료와 경험을 공유하는 것이다. 아이는 당면한 과제에 완전히 집중함으로써 이를 완수하고 성취감을 맛본다. 이 성취감이 쌓이면 아이는 점점 정상화에 다가간다. 이렇게 정상화에 도달한 아이는 독립적이고 자발적이며 능동적으로 워크에 임하는 법을 터득한다. 무서운 과제집착력과 집중력을 보인다. 이것이 요즘 흔히들 말하는 자기주도학습의 전형적인 상태다.

몬테소리 여사는 이렇게 완전히 정상화된 환경에 놓여 자유롭게 워크에 집중하는 아이를 '새로운 아이'라고 불렀고, 이렇게 비정상 단계에서 정상 단계로 넘어가는 과정을 흔히 종교적 '개종'에 비유했다. 나는 크리스천으로서 아이들이 정상화되는 과정을 '성화'에 비유하고 싶다. 이미 예수님을 통해 구원받은 하나님의 자녀들이지만 여전히 불완전한 환경의 노예로 그릇된 습관과 잘못된 정보의 질곡에 묶여 하나님 자녀답게 살지 못한다. 바람직한 환경, 정서적 안정이 유지되는 환경, 발달에 적합한 물리적 환경에 놓일 때 아이는 성화된다. 몬테소리 여사가 이를 '인간화' 내지 '성육화'라고 지칭한 것과 같은 맥락이다. 인간은 태어났을 때 할 줄 아는 게 없다. 그런 사람이 걷고, 먹고, 말하는 등 인간으로서 사는 데 필요한 기능과 사고, 태도를 환경에서 습득한다. 당연히 어른보다 아이가 약간의 환경 변화만으로도 더 쉽게 정상화로 돌아갈 수 있다.

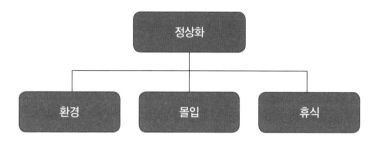

| 정상화의 세 가지 국면 |

　결국 정상화는 '우리가 얼마나 우주적인 존재인가'를 깨닫는 것이며 자신의 존재 자체가 기적임을 확인하는 것이다. 우리는 그 자체로 독특한 유니버스이자 멀티버스다. 우리는 하나의 우주 안에 살지만 각자가 우주적인 존재라는 점을 깨달아야 한다. 정상화의 관점에서 모든 교육과정이 만들어져야 한다. 언어와 문자를 사용해야 하는 과목부터 기호와 숫자를 사용해야 하는 과목에 이르기까지 모든 과목은 아이가 정상화로 나아갈 수 있는 단계로 구성되어야 한다. 몬테소리 여사가 말한 동물학과 식물학, 나아가 자연이 우주며 자신도 하나의 우주라는 관점은 바로 이런 정상화의 관점에서 모두 나온 것이다.

　그러면 정상화된 아이는 어떤 변화를 겪게 될까? 몰입이다. 몬테소리 여사는 "몰입한 아이가 무한한 행복감을 느낄 수 있다."고 말했다. 아이는 자신을 둘러싸고 있는 주변의 환경을 흡수함으로 배운다. 과제와 워크에 자유를 부여받은 환경에서 아이는 온전히 집중할 수 있다. 몰입에 빠진 아이는 자신의 행동은 의식하지만 주변은 의식하지 못한다. 정상화 과정을 통해 워크와 정신이 일치되지 못하면 아이는 워크에 집중하지 못하고 일탈에 빠진다. 주변 아이를 관찰하거나 말을 걸고 장난을 친다. 심한 경우, 돌아다니거나 수업을 방해한다. 외관상 가만히 앉아 있더라도 워크에 전혀 집중하지 못하고 엉뚱한 공상이나 잡념에 빠진다. 따라서 아이가 정상화되었는지 알 수 있는 가장 확실한 방법은 아이의 집중력과 몰입도를 확인하는 것이다.

더힘스쿨은 물리적 환경뿐 아니라 교사의 자세까지 정상화를 위해 세련되게 구조화한다. 아이의 몰입과 집중에 방해되는 것이면 그것이 무엇이든 교실에서 제거된다. 심지어 방해가 된다면 교실에 교사마저 불필요하다. 파격적인 주장일 수 있으나 몬테소리 여사는 이에 관해 이렇게 말했다. "교사로서 성공했다는 최고의 표지는 … 이렇게 말할 수 있을 때다. '아이들이 이제는 내가 존재하지 않는 것처럼 공부하고 있어요.'" ❖

교육은 경쟁이 아니다

"교육은 삶을 준비하는 게 아니다. 교육은 삶 자체다."
— 마리아 몬테소리 —

경쟁과 교육에 관한 재미있는 이야기가 있다. 미국 인디언 보호구역Indian reservation에서 있었던 일이다. 메리라는 교생이 인디언 아이들에게 수학을 가르치기 위해 파견되었다. 어느 날, 메리는 칠판 앞에 서서 정상적으로 수업을 들었다면 누구나 쉽게 풀 수 있는 간단한 연산 문제 다섯 개를 써놓고 교실에 앉아 있는 아이들을 호명하여 나와서 풀게 했다. 사실 이 문제는 전날 교실 전체에 숙제로 내준 것이기에 아이들이 이를 모두 이행했는지 확인하려는 의도도 있었다. 그런데 예상치 못한 일이 일어났다. 이름이 불려 앞으로 나간 아이들은 모두 칠판 앞에 우두커니 서서 아무런 행동도 하지 않았다. 마치 서로 짜기라도 한 것처럼 어느 누구 하나 문제를 풀려는 의지를 보이지 않았다. 당황한 메리는 이번에는 다른 아이들을 불러냈다. 그러나 그들 역시 이전 아이들과 마찬가지로 문제 풀기를 거부했다. '이럴 수가 있 나? 내가 수학 숙제를 하지 않은 아이들만 정확하게 찾아내는 능력이 라도 있는 게 아니라면 어떻게 아이들 모두 문제를 못 풀 수 있지?'

그날 메리는 아이들의 학력 수준이 너무 낮다고 판단하여 진도를 매우 천천히 나가기로 마음먹었다. 아이들이 수학에 대한 흥미를 잃 지 않을까 두려워 일단 아이들의 숙제 검사는 미루기로 했다. 그러나 메리는 다음 날도, 또 그 다음 날도 똑같은 상황에 직면하고 점점 화가 나기 시작했다. '얘네들이 지금 선생인 나를 가지고 놀고 있는 거 아 냐?' 그제야 그녀는 아이들에게 공개적으로 이유를 물을 수밖에 없었 다. "너희들은 왜 하나 같이 이렇게 간단한 수학 문제도 풀지 못하는 거니? 대체 전에 뭘 배운 거지?" 그때 어깨를 으쓱하며 한 인디언 학 생이 대표로 일어나 더듬더듬 답했다. "문제를 풀지 못하는 게 아니 라 풀지 않는 거예요." 메리는 황당했다. "아니 왜? 혹시 너희들이 나 를 선생으로 인정하지 않겠다는 거니? 그렇지 않고서야 어떻게 선생 님이 요구하는 문제를 일부러 안 풀 수 있는 거지?" 교실에 아이들은 전원이 고개를 가로저었다. 어안이 벙벙한 메리에게 이번에는 다른 학생이 천천히 말했다. "우리는 남 앞에서 으스대거나 과시하는 게 멍청이들이나 하는 행동이라고 배웠어요. 제가 칠판에 적힌 문제를 풀고 다른 친구가 풀지 못한다면 그 친구가 남들 앞에서 얼마나 창피하겠어요? 그래서 저는 차라리 문제를 풀지 않기로 한 거예요."

　메리는 망치로 머리를 한 대 얻어맞은 것 같았다. 인디언 아이들이 남들 앞에서 수학 문제를 풀지 않았던 건 오로지 친구를 배려하기 위한 행동이었다. 메리는 경쟁이 교실을 얼마나 삭막하게 만드는지 한 번도 생각해 볼 필요가 없는 환경에서 자랐다. 1등이 있다면 꼴등이 있어야 했다. 그건 초등학교 교실이라고 예외는 아니었다. 그래서 결승선에 모두 손을 잡고 함께 들어가는 인디언 아이들의 문화를 도무지 이해할 수 없었다. 그러나 인디언 아이들은 배움에 경쟁이란 있을 수 없다고 생각했다. 앎은 '남'을 이기는 게 아니라 '내 무지'를 이기는 것이기 때문이다. 도리어 남이 알도록 돕는 게 나도 아는 길이다. 그들은 우승열패, 승자독식, 약육강식의 세계에서 벗어나 모두가 승자가 되는 윈-윈 게임을 원했던 것이다. 한 사람이 혼자서 열 걸음을 걷는 것보다 열 사람이 함께 한 걸음을 걷는 게 낫다.

　기억이 맞는다면, 위 이야기는 잭 캔필드Jack Canfield의 『내 영혼의 닭고기 수프』에서 읽었던 것 같다. 이 이야기를 떠올릴 때마다 인디언 문화는 언제나 마음을 울린다. 나 역시 교실에서 선생이 학생을 평가하고 그에 따라 체벌하는 문화가 당연한 분위기 속에서 배우고 자랐다. 무조건 교실에는 1등과 60등이 나뉘어야 한다고 배웠다. 모두가 1등이 될 수 없기에 내가 올라가려면 어쩔 수 없이 누군가를 이기고 밟아야 했다. 그러나 교육은 경쟁이 아니다. 외부 평가에서 자유로 워질 때 비로소 아이는 공부를 시작한다. 외적 동기를 내적 동기로 바꾸는 것이 몬테소리 교육의 본질이다. '상'을 받기 위해 공부하는 아이, '벌'을 피하기 위해 공부하는 아이 모두 경쟁의 피해자다. 그들을 추동했던 외적 요소가 사라지면 당장 그들의 학업은 유지되지 못하고 그들의 성장은 멈출 수밖에 없다. 사람은 내적 동기로 무언가를 할 때 가장 열심히 할 수 있다. 여기서 느끼는 배움의 기쁨은 어떤 교육공학 이나 시스템도 따라갈 수 없다.

교육은 레이스race가 아니라 페이스pace다. 아이는 자신만의 보폭 으로 지식이라는 포디움podium에 오른다. 그 포디움에는 1등, 2등, 3등이 없다. 모두가 1등이다. 정상은 넓다. 이때 교사와 부모는 교육이 라는 트랙을 아이와 함께 뛰는 페이스메이커pacemaker가 되어야 한다. 아, 세상엔 얼마나 많은 부모가 아이 대신 레이서racer가 되어 트랙을 뛰고 있는가. 몬테소리 여사는 평생 교실 내에 경쟁을 부추기는 그 어떠한 시스템도 단호하게 거부했다. 학습은 오로지 나 자신의 내적 동기를 통해 이뤄져야 한다. 교사가 시키거나 엄마가 혼내니까 하는 공부는 모두 아이의 자발성과 창의성, 집중력과 호기심을 앗아간다. 성적은 올릴지 모르지만, 실력은 올라가지 않는다. 그래서 더힘스쿨의 모든 교과는 테스트가 없다. 각 단원을 마치고 워크에 대한 자체 평가는 외부로 공개되지 않고 오로지 교사만 볼 수 있다. 당연히 수-우-미-

양가도 A-B-C-D-F도 없다. 우리는 아이에게 소고기 등급 매기듯 성적이 매겨질 수 없다고 믿는다. 아이의 진도와 성장이 모두 제각각이기 때문이다. 더힘스쿨의 경쟁이란 나 자신과의 경쟁, 즉 어제보다 달라진 나, 그제보다 발전한 나와의 경쟁만 있을 뿐이다.

중앙대학교 김누리 교수가 최근 출간한 책을 읽고 동감이 되었다. 김 교수는 책에서 2017년 한·미·일·중 대학생 1천 명을 대상으로 시행한 한국개발연구원KDI의 설문조사를 인용한다. 학생들에게 자신이 거쳐온 고등학교에 대한 평가를 부탁하는 항목이 있는데, 연구자의 의도를 정확히 알 수 있는 답안이 제시되었다. 1번 함께하는 광장, 2번 거래하는 시장, 3번 사활은 건 전쟁터. 한국 대학생들에 관해 놀라울 것 없는 결과가 나왔다. 열에 여덟은 3번으로 답했기 때문이다. 반면 미국과 중국은 열에 네 명이 3번을 답했다고 한다. 우리나라 학생들이 교실에서 느끼는 극악한 경쟁 상황을 전적으로 보여주는 지표다.

정작 나를 놀라게 한 건 일본 학생들의 대답이었다. 고작 열 명 중에 1.4명만 경쟁이라고 답했기 때문이다. 김 교수가 중고교는 일본에서, 대학은 한국에서 보낸 한 학생에게 한일간 이렇게 극명한 차이를 내는 이유를 묻자 그는 다음과 같이 답했다고 한다. "한국 학생들은 바로 옆자리에 있는 친구와 경쟁compete하지만, 일본 학생들은 자기 앞의 꿈을 추구pursue합니다. 그리고 그 꿈을 이루도록 서로 격려하지요."* 책을 읽으며 나는 몸서리치도록 우리나라 교육의 문제를 절감했다. 교육은 경쟁이 아니다. 교실은 투전장鬪戰場이 아니다.

교육은 경쟁이 아니다. 우리나라 교육이 언제나 초점을 맞춰왔던 부분은 교육 공학적 약점이나 단점이었다. 그런 교육 정책이 고스란히 교실에 스며들어 갔다. 아이에게 부정적인 부분, 잘못하는 부분만 이야기하면 본의 아니게 아이에게 나쁜 신호를 주게 된다. 다시 이것은 사회 전반에 빠른 속도로 펴진다. 학교가 1등에게 우등상을 주면 우등상을 받은 아이는 자기가 1등 시민이라고 착각한다. 그래서 기를 쓰고 1등이 되려 한다. 한때 우리나라를 떠들썩하게 했던 고등학교 시험지 유출 사건과 강남 일부 학원에서 수백만 원하는 킬러문항 특강 등이 이를 증명한다. 이는 빙산의 일각이다. 그렇게 꼭대기에 모아놓은 1등들이 나중에 관료가 되고 정치가가 되면 우리나라는 어떤 세상이 될까? 아이끼리 경쟁을 붙이는 교육은 이제 끝내야 한다. 어느 한 과목에서 졌다고 인생 전체가 실패하는 건 아니다. 수능에서 좋은 성적을 받지 못했다고 인생 낙오자가 되는 것도 아니다. 경쟁은 무궁무진하게 성장해야 할 아이에게 족쇄를 채우는 짓이다.

이 관점은 더힘스쿨의 생태 교육과 평화 교육으로 이어진다. 이에

---

* 『경쟁 교육은 야만이다』, 97.

대해 몬테소리 여사는 다음과 같이 말했다. "이 세상에서는 경쟁을 위해 교육을 한다. 경쟁은 모든 전쟁의 시작이다. 서로 협력하고 연대를 갖도록 교육할 때, 그날 우리는 평화를 위해 교육하게 될 것이다."❖

동기를 만드는 긍정적 반응

"나는 가르치는 사람이 아니라 일깨우는 사람이다."
— 로버트 프로스트 —

내가 처음 유치원에 들어갔을 때 사립유치원 교사 월급이 5~7만 원이었던 것으로 기억한다. 당시 일반 회사 대졸 초봉이 20여만 원이었으니 반토막도 안 되는 박봉으로 학급 담임과 함께 온갖 자질구레한 일을 했다. 당시 유치원은 열악한 상태에서 주먹구구식의 운영을 하고 있었다. 나는 서울에 있는 체계적인 유치원에서 교생실습을 제대로 받고 멋진 교사, 베테랑 교사가 되고 싶었다. 그래서 교수님의 소개를 받고 당시 서울 역촌동에 있는 유명 사립유치원으로 교생실습을 나갔다. 그런데 실습을 다 마치고 나서 그 유치원에 취업할 수가 없었다. 실망스러웠지만 어쩔 수 없었다.

그런 내가 불쌍했는지 사촌오빠가 대림산업에 취직시켜줬다. 지금도 그렇지만 대림산업은 꽤 좋은 회사였다. 당시 월급으로 30만 원이나 받았으니까. 9시에 출근해서 5시에 퇴근하는 안정적인 직장이었고 일도 유치원에 비해 그렇게 어렵지 않았다. 그러나 거기 있으면서도 교사가 되고 싶은 마음이 사라지지 않았다. 몸이 편안한 직장이었고 월급도 마음에 들었는데 자꾸 유치원이 생각났던 이유는 뭘까? 내가 있어야 할 곳은 회사가 아니라 아이들을 가르치는 유치원이 되어야 한다고 마음속에서 또 다른 자아가 외치고 있었다. 그러니 하루하루가 재미도 없고 시시하기만 했다. 그렇게 얼마 있지 못하고 유치원 어디에 자리가 있다더라 하는 이야기를 듣고는 잘 나가던 회사를 때려치우고 말았다. 직장을 소개해 준 사촌오빠에게는 미안하다는 편지를 쓰고서 말이다. 그때는 다들 날 바보라 놀렸지만, 지금은 인생에서 가장 현명한 결정을 내린 나를 부러워한다.

다시 유치원에 취직하면서 나는 생기를 되찾았다. '자, 다시 시작해 보자.' 꿈은 그리 크지 않았다. 원장이 되겠다는 생각도 없었다. 원장? 닿을 수 없이 높은 곳에 있는 존재였으니 꿈조차 꾸지 못했던 거 같다. 대신 아이들에게 좋은 선생님이 되고 싶었다. 좋은 선생님이란 뭘까? 그런 고민을 하고 있을 때 포항 시내에 있는 제일교회 부설 유치원 원감이 수업 시연을 하는 걸 본 적이 있다. 그녀의 절제되고 능숙한 수업을 보며 나도 저런 좋은 교사가 되고 싶었다. 그때 내 나이

23살. 아이를 변화시키는 깊은 철학을 갖기에는 아직 어렸다. 그저 좋은 수업을 하는 선생님이 될 수 있으면 좋겠다는 게 최고의 목표였다.

재미있는 일화도 있었다. 좋아하는 일을 하니까 어디서 나오는지 아이디어가 막 샘솟았다. 당시에는 한 교실에 40명에서 50명 정도의 유치원생이 있었다. 교실에 인원이 많으니 아이들을 한 교실에 앉혀 놓고 교사가 앞에 서서 일률적으로 가르칠 수밖에 없었다. 나는 영역별로 교구를 세팅하고, 아이들을 모둠으로 짜서 새롭게 수업을 진행하는 '코너학습'을 시도했다. 뭔가를 알아서 한 건 아니었지만, 아이를 앉혀놓고 가르치는 획일화된 수업은 옳지 않다는 생각이 막연하게 있었던 것 같다. 덕분에 나는 아이들 사이에서 재미있는 선생님으로 통했다. 그런데 하루는 수업 시간에 "얘들아, 이리 온나."라고 얘기했다고 "누가 교실에서 경상도 사투리를 쓰냐?"는 학부모의 컴플레인이 들어왔다. 원장님은 나 기죽지 말라고 "아나운서처럼 말해 보라."며 그 컴플레인을 돌려서 말해주었다. 나는 대번 알아들었다. 그날부터 백지연 아나운서의 뉴스 영상을 녹화 떠서 매일 같이 볼펜을 입에 물고 맹연습을 했다. 덕분에 평상시에는 서울 말씨를 쓸 수 있게 됐다. 물론 급하거나 당황하면 경상도 사투리가 나도 모르게 입에서 튀어나왔지만 말이다.

우리는 무엇이든 남의 명령을 받기 싫어한다. 어쩔 수 없이 하는 일이라고 느낄 때 자아존중감이 떨어진다고 느끼기 때문이다. 이를테면, 아들이 '이 프로만 보고 방으로 들어가서 공부해야지.'라고 마음먹고 있는데, 갑자기 엄마가 리모콘으로 TV를 강제 종료하더니 아들한테 빽 소리친다. "야, 들어가서 공부나 해! 다음 주가 시험인데 너 양심은 있는 거니?" 이 상황에서 엄마의 한마디 때문에 아들이 10초 전까지 계획하고 있던 공부의 동기는 바람에 나는 겨처럼 싸악 사라진다. 이처럼 노골적인 명령은 도리어 상대의 의사 결정에 악영향을 미친다.

이렇게 말해 보자. 하루는 친구가 우리 집에 놀러 온다. 때마침 대청소를 마쳤는데 우연히 친구가 놀러 와서는 "미향야, 너네 집은 고양이도 키우는데 너무 깨끗하다! 나 완전 놀랐잖아!"라고 말했다고 하자. 다음부터는 그 친구가 놀러 오겠다고 할 때마다 나는 집부터 정리하고 치우고 있을 것이다. 친구가 규정한 '너는 정리를 잘하는 깔끔한 아이'라는 범주에 속하고 싶어서 자발적 행동수정이 일어난 셈이다. 이처럼 아이들은 자신의 특정 행동이 순전히 자기 결정인 것처럼 생각하지만, 사실 이 결정과 동기는 친구가 내 마음에 교묘히 심어놓은 것이다. 물론 친구 역시 의도한 건 아니지만. 아이에게 긍정적인 행동을 끌어내고 싶은 부모라면 한 번 고민해 봐야 할 대목이다. 우리나라 부모는 긍정적인 행동을 할 때 반응하기 보다 부정적인 행동을 할 때 반응하기 쉽다. 아이가 긍정적인 행동을 할 때보다는 부정적인 행동

action을 할 때 엄마의 반응reaction이 크기 때문에 아이는 반대 행동을 도리어 강화reinforcement하게 된다.

교사나 엄마 입장에서 뭘 많이 바꾸라는 게 아니다. 다만 반응을 바꿔라. 긍정적인 행동을 할 때 더 많이 반응하고 더 자주 표현하게 되면 아이는 그럴 때 자신이 훨씬 더 가치 있다고 느끼고 그 행동을 스스로 하고자 한다. 안타깝게도 이 점에서 우리나라 엄마는 완벽주의에 매몰되어 있다. 아이를 전적으로 책임지려 하고, 쓸데없이 동정하고, 아이의 감정까지 책임지려는 완벽함이 엄마의 반응에서 묻어난다. 그러니 매사에 확대경을 들고 아이의 결점만 찾는 것이다. 아이가 잘못하면 화를 내고 말을 안 들으면 짜증을 낸다. 아이를 어떻게든 유인하려고 "너 이거 하면 엄마가 이거 사줄게." 같은 거래를 즐긴다. 이 거래를 통제의 수단으로 삼는 순간 아이는 자신이 하는 일에서 아무런 동기와 명분을 찾지 못한다. "너 엄마가 뭐라 그랬어? 엄마가 먹으랬지?" 끊임없이 통제당한 아이는 유치원에 와서도 앵무새처럼 말한다. "이거 우리 엄마가 하지 말랬어요.", "이렇게 하면 엄마한테 혼나요."

요즘도 가끔 생각한다. 그때 원장 선생님이 나에게 "아나운서처럼 예쁘게 말해 보라."고 말하지 않고 "너 그 경상도 사투리부터 좀 고쳐 봐."라고 대놓고 말했다면 어땠을까? 긍정적 반응은 그 고치기 어렵다는 사투리까지도 바꿔놓는다. ✤

우주 교육, 교실에는 세 개의 우주가 있다

"그대는 우주다. 잠시 동안 자신을 인간으로 표현하고 있는 우주."
— 에크하르트 톨레 —

더힘스쿨에는 세 종류의 우주가 있다. 첫째 우주는 학생 자체다. 하나의 아이는 하나의 우주다. 몬테소리 여사는 아이 하나가 우주라고 말했다. 그래서 우주universe는 그 자체로 독특하다unique. 둘째 우주는 학생과 학생의 만남이다. 우주는 교실에서 또 다른 우주를 만난다.

우주는 충돌하지 않고 또 다른 우주에 갈마든다. 그 자체로 독특한 우주는 자신과 전혀 다른 우주를 만나고 새롭고 낯선 세계를 발견한 것에서 오는 무한한 희열과 감동을 경험한다. 이 우주를 우리는 다중 우주, 즉 멀티버스multiverse라고 부른다. 셋째 우주는 학생과 자연계의 만남이다. 우주는 동식물을 통해 생명의 소중함을 느끼며 동시에 만물의 영장인 인간의 위대함을 경험한다. 자연은 인자하지 않다天地

永仁. 자연계의 폭력 앞에 인간은 속절없는 존재다. 그러나 인간은 생각하는 갈대다. 그래서 우리는 이 우주를 옴니버스omniverse라고 부른다.

유니버스	멀티버스	옴니버스
학생은 그 자체로 우주다. 우주 교육	학생과 학생은 다(多)우주다. 평화 교육	학생과 세계는 전(全)우주다. 생태 교육

❙ 더힘스쿨 교실 속 세 개의 우주 ❙

옴니버스에 대해 몬테소리는 이렇게 말한다. "우리는 삶의 여정을 함께 해야만 한다. 왜냐하면 모든 것은 우주의 한 부분이고 하나의 전체를 만들기 위해 서로 연결되어 있기 때문이다. 이러한 관념은 아이들을 확고하게 해주고, 그들이 지식을 위해 정처 없이 방황하는 것을 그만두게 해준다. 아이는 모든 것과 더불어 존재하는 우주에서의 자신의 중심적 위치를 발견하고 만족해한다."* 우주 교육은 몬테소리 교육의 가장 아름다운 부분이라 할 수 있다. 교실은 지구에 머물러선 안 된다. 아이의 호기심은 지구라는 범주를 넘어 태양계로, 태양계를 넘어 우주로 나아가야 한다. 천문학의 발전으로 오늘날 우주가 초속

---

* 『몬테소리 자녀교육』, 39.

70킬로미터로 팽창하고 있으며, 심지어 이 속도는 더 빨라지고 있다는 사실을 우리는 알고 있다. 이렇게 광대무변한 우주는 인간 존재를 초라하게 만든다. 칼 세이건은 우주와 비교하여 한 톨의 먼지와도 같은 지구를 다음과 같이 정의한다.

"여기 있다. 여기가 우리의 고향이다. 이곳이 우리다. 우리가 사랑하는 모든 이들, 우리가 알고 있는 모든 사람들, 당신이 들어 봤을 모든 사람들, 예전에 있었던 모든 사람들이 이곳에서 삶을 누렸다. 우리의 모든 즐거움과 고통, 확신에 찬 수많은 종교, 이데올로기들, 경제 독트린들, 모든 사냥꾼과 약탈자, 모든 영웅과 비겁자, 문명의 창조자와 파괴자, 왕과 농부, 사랑에 빠진 젊은 연인들, 모든 아버지와 어머니들, 희망에 찬 아이들, 발명가와 탐험가, 모든 도덕 교사들, 모든 타락한 정치인들, 모든 슈퍼스타, 모든 최고 지도자들, 인간 역사 속의 모든 성인과 죄인들이 여기 태양 빛 속에 부유하는 먼지의 티끌 위에서 살았던 것이다."**

그러나 세이건은 틀렸다. 창백한 푸른 점에 사는 인간은 무한한 우주를 품을 수 있는 지성을 갖춘 동물이다. 몬테소리 여사는 우주를 품는 아이는 위대하다고 말한다. "아이들에게 온 우주에 대한 비전을

** 『창백한 푸른 점』, 26.

주도록 합시다. 우주는 분명한 현실이며, 모든 질문에 대한 답이 있습니다. 세상의 모든 것은 우주의 일부분이며, 서로 연결되어 하나의 완전한 결합을 형성합니다. 그 아이디어는 아이들의 정신을 집중하게 하고, 목적 없는 지식 탐구에 방황하는 것을 멈추도록 도와줄 것입니다."어린 아이가 책상 위에 놓인 지구본을 바라볼 때 대륙과 바다를 구별하는 정도에 그쳐서는 안 된다. 더 나아가 바다와 대륙이 왜 생겨났는지, 우주는 왜 이렇게 광대한지까지 물어야 한다.

　그럼 몬테소리 여사가 생전에 제시한 우주 교육은 과연 무엇일까? 일반 학교에서 단지 태양계를 배우는 것에서 우주 교육이 멈춘다면, 더힘스쿨에서의 우주 교육은 일단 그 범위 자체가 다르다. 우주 교육은 인간의 존재 이유를 관통하는 과목이 되어야 한다. 어마어마한 우주의 가시적 세계와 비가시적 세계를 구분해주고, 이를 드라마틱한 스토리로 이야기해주면, 아이들은 대번에 호기심을 가지면서 우주에 대해 조사하고 공부하게 된다. 우주의 시초인 빅뱅은 과연 무엇인지, 팽창하는 우주는 얼마나 빨리 우리에게서 멀어지고 있는지, 태양계는 어떤 물질로 구성되어 있는지 등등 다양한 관심이 천문학뿐 아니라 지질학과 지구과학, 동물학, 식물학, 화학 등 다양한 영역까지 미칠 수 있다. 그리고 우주 교육은 인간 존재의 이유, 삶의 의미와 같은 철학적 명제와 신앙적 주제까지 아우를 수 있어야 한다. "아이들이 우주에 관심을 갖도록 하기 위해 단순히 우주의 메커니즘을 이해시킨다는 뜻으로 아이들에게 우주에 관한 기본적인 사실들을 제시하는 것으로 시작해서는 안 된다. 그보다 훨씬 더 고상한 철학적 성격을 지닌 개념으로 시작해야 한다. 그 개념은 당연히 아이의 심리에 맞게 다듬어서 아이에게 전달되어야 한다. 여기서 일부 신화나 동화의 도움을 받을 수 있지만, 그 신화나 동화도 자연의 진리를 상징적으로 표현하는 것이어야 하며 전체가 공상적인 것이어서는 안 된다."***

때로 우주 교육은 헛된 망상이나 무의미한 상상력에 의한 시간 낭비라고 생각하는 이들이 있다. 참으로 안타까운 일이다. 이런 우주 교육이 아이들의 육체를 통해 경험하게 하는 교육만큼이나 중요하다는 사실을 많은 이들이 간과하고 있다. 추상적 사유와 구체적 사물, 비가시적 세계와 가시적 세계, 추론 가능한 영역과 검증 가능한 영역은 모두 인간의 총체적 지식을 이루는 필수적인 요소들이다. "손은 있지만 머리가 없는 인간과 머리는 있지만 손이 없는 인간은 둘 다 똑같이 현대 사회의 구성원으로는 적합하지 않다."**** 몬테소리 교육은 손만 강조하지 않는다. 흡수 정신은 눈에 보이는 것만 다루지 않는다. 머리로 상상하고 추론하고 역시 필요한 교육이다. 아인슈타인은 연필과 종이 하나만 가지고 사고실험을 통해 상대성이론을 정립했다. 아이는 우주 교육을 통해 우주의 실제적 사실들뿐만 아니라 우주를 바라보는

*** 『잠재력을 깨우는 교육』, 54.
**** 『몬테소리 평전』, 264.

인간의 상상력까지 얻게 되며, 그러한 이해를 바탕으로 우주에서 고립된 존재는 생존할 수 없음을 알게 된다. 결국 우주에서 하나의 존재는 다른 존재에 의존하며, 한 현상은 다른 현상에 인과관계를 갖는다. 우주 교육은 유니버스인 학생 자신이 다른 친구와 멀티버스를 이루며, 동시에 내가 보고 만지는 동식물, 생물과 무생물계를 인식하며 옴니버스 안에 존재한다는 사실을 알려준다. ✤

세계시민의 안목

> "우리는 모두 세계시민이다. 우리가 태어난 것은 탄생의 우연이고,
> 차이와 성장, 배움을 존중하는 건 우리 본 모습이다."
> — 피터 갤러거 —

몬테소리 여사는 이미 20세기 초반에 세계시민을 주창한 교육자였다. 우리는 세계시민이며 나아가 우주시민이다. "우리는 모두 하나의 단일한 유기체, 하나의 단일 민족을 이룬다. … 어떤 사람이 … 네덜란드인이라거나 프랑스인이라거나 영국인이라거나 이탈리아인으로 머무는 것이 좋다는 생각은 아무 의미가 없다. 사람은 새로운 세계의 새로운 시민이다. 그는 우주의 시민이다."* 따라서 더힘스쿨 사명 진술을 세울 때 인류를 위해 헌신하는 세계시민이 되는 것이 포함되어야 했다.

---

* 『몬테소리 평전』, 313.

세계는 지구촌으로 묶인 지 오래다. 한국 식탁 위에 지구 반대편 대륙에서 생산한 체리와 오렌지가 올라오는 시대다. 반대로 우리나라에서 생산한 자동차가 배를 타고 남미에 수출되어 이 글을 쓰고 있는 지금 이 순간에 저들의 도로 위를 쌩쌩 달리고 있다. 나스닥이 떨어지면 코스닥이 곤두박질치는 시대다. 중동에서 이스라엘과 팔레스타인 하마스가 싸우면 당장 오늘 유가에 영향을 주고, 중국 폭스콘 공장에서 파업을 하면 미국 애플 주식이 약세로 돌아서는 시대다. 월드와이드웹이라는 거미줄로 전 세계가 연결되어 이제는 마음만 먹으면 얼마든지 미국 스포츠 중계를 우리 집 안방에서 TV로 편안하게 볼 수 있는 시대다. 문명의 이기 덕분에 어쩌면 해당 국가보다 우리나라에서 더 먼저 그 나라 뉴스를 접할 수 있다. 지구촌과 세계화라는 말이 이제 낯선 용어가 아니라 우리 삶에서 쉽게 들을 수 있는 일상적인 용어가 되었다.

이런 시대에 한반도가 너는 전라도니 나는 경상도니 두 쪽으로 나뉘어 반목을 이어 나가는 게 가당키나 할까? 열린 세상에 우리 아이들이 던져질 것이기 때문에 다음 세대는 더 이상 용인시민이나 서울시민으로만 살아갈 수 없다. 당장 아침에 인천공항에서 직항 노선만 타면 저녁에 유럽에 도착하는, 세계 어디나 일일생활권인 시대가 우리 눈앞에 펼쳐져 있다. 한국 여권을 가지고 있다고 해서 한국에서만 살라는 법도 없다. 이런 시대에 살아가는 아이들이 우리나라 커리큘럼에 제한된 시각을 가져서는 안 된다. 몬테소리 교육은 세계 교육이고 우주 교육이다. 나는 한국인이자 세계시민이고 동시에 지구인이자 우주시민이다.

세계시민의 존재는 예수님의 복음에서도 발견할 수 있다. "네 이웃을 네 몸과 같이 사랑하라."는 예수님의 가르침이야말로 세계시민의 핵심 정신이다. 선한 사마리아인처럼 사회적 약자와 빈자를 돌보고 사랑을 베푸는 정신은 어느 특정한 지역, 종교, 민족에 국한되지 않았다. 나아가 예수님이 가르친 주기도문을 보라. "뜻이 하늘에서 이룬 것 같이 땅에서도 이루어지게 해 주십시오." 지구(땅)만 말하지 않고 우주(하늘)도 말하고 있다.

몬테소리 여사는 양대 세계대전을 겪은 인류를 향해 국경과 지역에 갇혀 반목과 질시에 눈이 멀어 서로를 죽고 죽이는 전쟁을 멈출 것을 호소했다. 20세기 당시 세계 각국은 애국주의를 빙자한 국수주의에 매몰되어 서로에게 총부리를 겨누고 죽음의 무곡舞曲을 연주하고 있었다. 그녀의 호소에도 불구하고 20세기 후반에는 자유 진영과 공산 진영이 냉전으로 접어들며 군비 경쟁에 몰두했다. 몬테소리 여사는 전쟁이 그치지 않는 세계사의 비극이 교육의 실패에서 비롯했다고 믿었다. 아이에게 경쟁심을 심어주는 교육이 서로의 호혜적 입장을 포기하고 정복하고 지배하고 착취하려는 욕망을 심어주었다. 그래서 교실에서는 반전 반핵에 앞서 평화 교육을 실시해야 한다고 믿었다. 그것은 장차 아이가 세계시민으로 자라나는 데 중요한 덕목이 될 것이다. 국가를 가르는 경계에 제한된 시민이 아니라 국가의 이익을 초월하는 인류애와 박애정신이 요구된다.

일찍이 고대 그리스 견유학파의 철인哲人 디오게네스는 어느 출신인지를 묻는 사람들에게 "나는 세계시민이다."라고 답했다. 대낮에도 거리에서 등불을 들고 사람을 찾으러 다녔던 디오게네스는 어쩌면 시대를 구원할 영웅으로 자신과 같이 세계시민들을 찾고 있었던 건 아닐까? 세계적으로 혐오와 분쟁의 씨앗이 되고 있는 제노포비아xenophobia는 여러 곳에서 감지된다. 외국인이나 유색인에 대한 반감과 혐오는 급기야 무분별한 테러로 이어지고 있다. 뉴욕 지하철 플랫폼에서 동양인이라는 이유로 아무 이유 없이 밀어 떨어뜨린 흑인이나, 단지 무슬림이라는 이유로 테러리스트로 몰려 집단 폭력을 행사한 백인을 우리는 뉴스에서 심심찮게 보게 된다.

이건 우리나라도 예외가 아니다. 법무부의 2018년 통계를 보면, 국내 체류 외국인은 대략 237만 명에 달한다. 어마어마한 수치다. 외국 출신 주민은 전체 주민등록인구의 3.4퍼센트며 5년 후에는 약 300만 명에 전체 인구의 5.3퍼센트로 가파르게 성장할 것이라고 한다. 덩달아 외국인 혐오와 인종차별이 곳곳에서 발생하고 있다. 2014년부터 유엔인권위는 매년 한국 사회에 팽배한 인종차별을 시정할 것을 강력하게 권고하고 있다.

그러나 한국인들이 조선족이나 탈북민을 바라보는 시선은 어떤가? 심하면 잠재적 범죄자로 보고 있지는 않은가? 국내에 들어온 조선족 숫자는 80만 명이 넘고, 탈북민 숫자도 3만 5천 명이 넘는다고 한다. 이들은 대부분 우리 사회에서 흔히 말하는 3D 업종에서 일하고 있다. 그래서 하루아침에 조선족이 우리나라를 떠나면 한국 사회가 올스톱 될 거라는 말도 있다. 그래서일까? 조선족이나 탈북민을 바라보는 20대의 시선은 곱지 않다. 또한 요즘 우리나라를 보면 주변국과의 관계가 그리 좋지만은 않은 것 같다. 특히 내가 보기에 젊은 층 사이에서 중국에 대해 느끼는 반감은 심각한 수준이다. 단순히 미워하는 수준을 넘어 증오하고 있는 게 느껴진다. 나는 지금 친중을 말하자는 것도, 정치를 논하자는 것도 아니다. 어쨌거나 중국은 우리와 긴밀한 협력을 이뤄야 할 파트너다. 중국과 한국은 이미 떼려야 뗄 수 없는 동반자 국가다. 우리는 서로 세계시민이기 때문이다.

우리가 한때 민족주의를 내세우고 이를 자랑스럽게 생각하는 게 문화였던 때가 있었다. 민족이 국가와 등가 개념 내지 동의어였던 시대에 민족주의는 애국주의로 둔갑하기도 했다. 잘 알다시피 민족주의는 유럽에서 근대적 개념의 국가가 탄생하던 18세기에 만들어진 개념이다. 이제는 21세기다. 민족과 국가는 지도상의 개념일 뿐 현실에선 이미 그 의미가 퇴색되었다. 인류는 넓은 의미에서 형제다. 마사 너스봄 Martha Nussbaum은 이러한 근대적 민족주의를 버리고 대신 고대 그리스 스토아학파의 세계시민주의를 계승해야 한다고 말한다. 지역 공동체가 아닌 인류 공동체의 일원으로서 인류애나 보편선에 충성할 것을 요구하고 있다. 너스봄은 우리가 세계시민이 되기 위해서 굳이 지역적 정체성을 포기할 필요는 없다고 강조한다. 세계시민은 지역적 뿌리를 상실하는 게 아니라 일련의 동심원으로 이를 둘러싸고 포괄하는 것이다.

당연히 더힘스쿨 커리큘럼에는 세계시민을 길러내는 과목들이 들어 있다. 먼저 언어는 세계시민의 가장 기초적인 덕목이다. 따라서 더힘스쿨에서는 우리나라 모국어인 국어뿐 아니라 영어를 제1외국어로 가르치고 있다. 나아가 모든 학과목 역시 세계시민으로서 역량을 발휘하기 위해 반드시 국지적 영향력을 넘어 세계적 파급력을 함께 가르친다. 여기에는 환경 교육, 생태 교육도 따라붙을 수 있다. 남태평양 한가운데 섬나라 투발루가 바닷물에 잠기고 있는 비극을 나 몰라라 해선 안 되는 이유는 바로 우리가 세계시민이기 때문이다. 포경선의 남획으로 고래 개체수가 급감하고 있는 상황을 나랑 상관없다고 귀를 닫아서는 안 되는 이유는 바로 우리가 지구시민이기 때문이다.

우리가 어디에서 왔으며 어디로 가는지, 나는 누구인지, 태양계는 왜 존재하는지, 인간과 동물은 무엇이 다른지 세계시민의 관점에서 이해해야 한다. 당연히 지구를 아끼고 환경을 지켜야 한다. 동물도 아끼고 식물도 사랑해야 한다. 지금 왜 아프리카와 아시아에 사막화가 진행되고 있는지, 왜 전 세계적으로 지하수가 고갈되고 있는지, 왜 남극의 빙하와 알프스의 만년설이 녹고 있는지 더힘스쿨 학생이라면 물어야 한다. 몬테소리 교육은 우주의 한 존재로서 아이가 우주 교육을 통해 세계적인 인재로 키우는 것이다. 더힘스쿨의 학생들은 역사 교과를 통하여 지구의 역사와 인류의 역사, 지리학을 통해 자연적 지리와 정치적 지리를 경험하고 상호 의존관계를 연구함으로써 우리가 얼마나 우주적인 존재이며 세계시민의 한 구성원임을 인식하게 된다.

하루는 동물학 시간에 아이들과 자잘한 미생물에 대한 연구를 했다. 원생동물, 원형동물, 편형동물 등 생물학과 관련한 영상을 보여줬다. 비쩍 마른 에티오피아 아이 하나가 수 킬로미터를 걸어 사막 한가운데에 물을 뜨러 가는데 안타깝게 그 흙탕물은 오염된 상태였다. 그 물을 가족 모두가 먹어야 하는데 그 물 외에는 다른 곳에서 물을 찾을 수 없었다. 아플 걸 알면서도 어쩔 수 없이 그 물을 먹는데, 물속에 있던 기생충 알이 몸속에 들어가 부화하여 실 같은 지렁이로 자라서 뇌로 가고 다리로 가는 모습이었다. 해당 영상을 본 아이들은 경악했다. 이후 아이들이 급격하게 미생물에 관심을 갖기 시작했다. 그 이후 코로나가 터지며 많은 아이가 미생물을 연구하는 학자가 되겠다는 비전을 세웠다.

일부는 물을 오염시키지 않기 위해 우리가 뭘 해야 하는지 묻다가, 세제도 덜 쓰고 비누도 덜 쓰고 물을 아껴 써야겠다는 결론에 도달했다. 혜화유치원에서 가족 운동회를 하는 날, 쓰고 남은 물건을 통용하는 시간을 가졌다. 방식은 옥션으로 진행하였다. 결과는 어떻게 되었을까? 이렇게 모금된 금액으로 아이들이 필리핀에 우물을 두 개나 팠다. 이 소식을 듣고 감동을 받아 한 학부모는 큰 아이와 작은 아이의 이름으로 우물을 또 팠다. 아이들과 부모들은 자신의 물건을 기꺼이 내주었고 모금에도 적극적으로 동참하였다. 세계시민은 이처럼 다른 지역에서 일어나는 일들에 공감하고 내 형편에서 도움의 손길을 내미는 존재다. 이런 것을 경험한 유치원 졸업생들이 더힘스쿨에 진학한다. 그리고 말하나 마나 더힘스쿨에서 그러한 세계시민을 꿈꾸는 아이들로 성장한다. ❖

영재와 겨뤄볼 수 있는 교육, 품성!

"교육이란 들통을 채우는 게 아니라 불꽃을 밝히는 것이다."
— 윌리엄 예이츠 —

더힘스쿨이 표방하는 품성 교육은 빌 가써드Bill Gothard 목사가 개발했다. 빌 목사는 학교에서 소위 '지진아retardo'로 불렸다. 그는 초등학교 1학년 때부터 학급에서 꼴찌를 도맡아 했고, 중학교 때까지 학년 과정을 따라가지 못해 해마다 유급과 낙제를 밥 먹듯 했다. 고등학교에 올라가기 전까지 빌의 학업은 나아질 기미가 보이지 않았다. 그러나 고등학생이 되면서 뒤늦게 문리를 깨우치고는 뒤처졌던 이전의 모든 과정을 단숨에 따라잡았고 고등학교를 졸업할 때 우등생이 되었다고 한다. 이후 그는 뜻한 바가 있어 휘튼칼리지에서 신학을 전공했고 졸업 후 목회 현장에 뛰어들었다.

빌 목사는 특히 청소년 품성 교육에 탁월한 지혜를 발휘했는데, 이는 어쩌면 그의 십대 시절 경험에 근거한 것일지 모른다. 남보다 학업이 뒤처졌고 끈기나 이해력도 부족했던 시기를 지나며 누구보다 질풍노도의 시기를 보내는 청소년들을 잘 알고 있었기 때문이다. 이에 그는 설계와 권위, 책임감, 고통, 오너십, 자유, 성공이라는 일곱 가지의 원칙을 개발하고 이를 '기초 세미나Basic Seminar'라는 이름으로 대중에게 소개하기 시작했는데, 이 강연은 청소년뿐 아니라 성인에도 큰 호응을 얻었다. 미국의 성공한 가문들, 존경받는 가정들, 굴지의 기업을 일군 일가들의 면면을 살펴보니 모두 자녀들에게 품성을 가르치고 실천을 통하여 삶을 바꾸어 내도록 도우며 가문에 전수하고 있다는 사실을 알게 되었다. 그들의 종교와 관계없이 자녀에게 품성을 중요한 덕목으로 여기고 이를 가문의 비밀처럼 전수하고 있었다. 즉, 품성은 어떤 대가를 지불하더라도 옳은 것을 선택하는 내적인 동기이자 힘이다.

품성은 지성을 앞선다. 품성이 갖춰지면 나머지 덕목은 자연스럽게 따라온다. 우리는 일상에서 '경청'에 대해 수없이 듣는다. 경청을 들으면 '그래, 경청해야지', '경청이 중요해' 다짐하지만, 진정 경청이 무엇인지, 경청이 어떤 품성을 말하는 것인지 구체적으로 알지 못한다. 경청의 정의는 '상대방에게 나의 모든 가치를 집중하여 그 가치를 보여주는 것'이다. 그리고 제시한 대표 동물이 사슴이다. 사슴은 귀가 커서 멀리서 오는 소리도 민감하게 듣는다. 귀가 밝아야 주변에서 일어나는 일들에 재빨리 대처할 수 있다. 사슴은 생존을 위해 그 품성을 드러내야 한다. 그리고 교실에서 우리는 모두 사슴이 된다. 품성의 언어를 함께 익히고 배운다. "지혜야, 선생님 말씀 잘 들어야지."가 아니라 "지혜야, 선생님께 경청의 자세를 보여줄래?" "난 네가 경청의 품성을 드러냈으면 좋겠어."라고 말한다. 그러면 아이는 경청이 뭔지 바로 안다.

감사? 감사는 어떻게 설명할 수 있을까? '자기를 책임지고 있는 사람에게 표현해서 상대가 알게 하는 것'이다. 순종? 순종은 '나를 책임지는 권위자에게 즉시 기쁨으로 반응하는 것'이다. 이렇게 추상적인 품성을 교실에서 아이가 직접 구현하는 것이 품성 훈련이다. 더힘스쿨을 나온 졸업생들이 중고등학교에 진학하고 해외로 유학을 갔을 때, 더힘스쿨에서 가장 기억에 남고 자신에게 큰 영향을 끼친 게 무엇이었는지 물으면 열에 아홉은 바로 "품성 교육이었어요."라고 답한다. 물론 품성 훈련은 아이들만 해서는 안 된다. 가정과 연계해서 부모도 품성 훈련을 해야 한다. 각 가정이 품성의 샌드박스가 되어야 한다. 더힘스쿨은 매년 각종 부모 교육을 통해 가정이 품성의 훈련장이 될 수 있도록 돕고 있다. 처음에는 반신반의하던 일부 학부모도 한두 해 자녀가 변해가는 모습을 지켜보며 학교가 제공하는 모든 학부모 교육 프로그램에 참여한다.

품성은 실패를 딛고 만들어지는 것이다. 나는 내 부족을 솔직히 인정한다. 나 역시 실수투성이에 모순덩어리 교사다. 매일 아침 하나님께 기도하며 오늘 만나는 아이들에게 당신의 품성을 보여줄 수 있게 해 달라고 하지만 어김없이 인간의 조급함과 서툰 결기로 실패하고 넘어진다. 오호라, 나는 곤고한 사람이로다. 아이에게 누누이 겸손을 가르쳤는데 돌아서면 어느샌가 권위적인 사람이 되어 있는 나를 발견하며 얼굴이 화끈거릴 때도 많다. 교실에서 아이들에게 경청의 중요성을 그렇게 강조했는데 교사 회의를 주재하며 나와 생각이 다른 제안에 귀 기울여 듣지 않는 나를 돌아보며 화들짝 놀랄 때도 있다. 그럼에도 희망의 끈을 놓지 않는 이유는 이 실패가 쌓이고 쌓여 모래성이 되고 다시 그 모래성을 부수고 또다시 쌓아 올리고를 반복하며 내 안의 정한 마음을 얻을 수 있는 날이 그만큼 가까워지기 때문이다.

일찍이 몬테소리 여사는 실패와 품성에 관해 이렇게 말했다. "모든 사람이 실수를 저지른다는 것은 자명한 일이다. 이것은 인생에서 벌어지는 현실 중의 하나다. 그리고 그것을 받아들인다는 것은 이미 커다란 진전을 했다는 것이다. … 그러므로 실수에 대해서 친숙한 감정을 함양하는 것과 그것이 우리 인생과 떼어 놓을 수 없는 동반자로, 인생이 진정으로 품고 있는 무언가 의도를 가지고 있는 것으로 대하는 것은 훌륭한 일이다."* 나는 더힘스쿨을 소개하며 명문학교나 영재학교가 아님을 강조한다. 더힘스쿨은 품성을 가르치고 훈련하는 학교다. 그래서 나는 언제나 '영재와 겨뤄볼 수 있는 교육'을 한다고 말한다.

미국 펜실베이니아대학교 와튼스쿨의 조직심리학 교수인 애덤 그랜트Adam Grant는 그의 저서 『히든 포텐셜』에서 수많은 사례와 연구를 제시하며 품성이 재능보다 훨씬 중요하다고 결론짓는다. 그는 책에서 평소 우리가 어떻게 반응하는지가 성격이라면 어려움에 닥쳤을 때 어떻게 대응하는지가 품성이라고 말한다. 그는 2000년을 기점으로 3년마다 열리는 국제학업성취도평가에서 3회 연속으로 우승한 핀란드의 교육을 분석하며 교실에서 품성을 개발하는 원리로 몬테소리를 제시한다. "미국에서 놀이는 몬테소리 학교에서 실천하는 교습법이다. 핀란드에서는 놀이를 모든 초등교육 기관에서 공통 필수로 의무화한다. 핀란드 정부는 아이들이 놀아야 한다고 주장한다. 정책 수립자들이 놀이가 배움에 대한 애정을 키워준다는 사실을 알고 있기 때문이다. 배움에 대한 애정은 조기에 개발하는 게 가장 바람직한 가치다. 그리고 궁극적으로 더 나은 인지적 기량과 품성 기량들을 구축해준다."**

---

* 『몬테소리 자녀교육』, 254.
** 『히든 포텐셜』, 241.

다음은 더힘스쿨을 졸업한 도원이가 보내 준 편지글이다. 이번에 고등학교를 졸업하며 도원이는 미국 미네소타주립대학 컴퓨터공학과에 당당히 합격한 1회 졸업생이다. 볼 때마다 느끼는 거지만 나이답지 않게 듬직한 친구다.

저는 중고등학교를 다니고, 그리고 졸업하고 나서 많은 친구의 상황을 직접 보고 들을 수 있었습니다. 안타깝게도 대부분 친구가 힘들어하는 원인은 품성이 잘 계발되지 않은 케이스였습니다. 자신의 감정을 조절하는 힘은 중요합니다. 내가 얼마나 소중한 사람인지, 나는 무엇을 해야 하는지 깨닫고 자신의 삶을 책임지는 더힘스쿨 프로그램은 저에게 큰 힘이 되었습니다. 어려서 기른 품성은 고등학교 때 빛을 발했습니다. 마음이 안정되니 제 목표와 꿈의 방향을 쉽게 발견할 수 있었습니다. 10학년이 되면서 구체적 목표를 향해 달리기 시작했고 3년 동안 집중하여 좋은 결과를 얻을 수 있었습니다. 나를 조절하는 힘! 내가 하고자 할 때 전력 질주하여 꿈을 위한 조건들에 좋은 성과를 이룰 수 있었습니다. 품성의 중요함을 알지 못하고 법과 규칙도 지키지 않으면서 마치 자신이 다 큰 어른이 된 것처럼 마음대로 행동하는 학생들을 보며 안타까웠습니다. 자신이 얼마나 소중한 존재인지, 얼마나 중요한 사람인지 깨닫지 못하고 뒤늦게 후회하는 친구들을 보았습니다.

(중략)

품성은 한 사람, 그리고 그 주변, 상황, 그리고 미래를 결정합니다. 저는 고등학교 선배들이 대학교에 진학해서 선한 영향력으로 자신이 속한 공동체에 큰 변화를 가져다주었다는 이야기를 많이 듣습니다. 품성을 훈련한 사람이 자신을 얼마나 가치 있게 드러내는지, 교우와 교수님에게 어떻게 신뢰를 주고 주변을 선한 방향으로 인도하고 변화시키는지를 말입니다. 저도 이제 대학에 진학합니다. 저 자신뿐 아니라 공동체를 변화시키는 사람이 되도록 노력하겠습니다. 컵에 담긴 맑은 물에 먹물 한 방울을 떨어트리면 금세 탁해지지만, 탁해진 물을 도로 맑게 되돌리는 데에는 10배가 넘는 양의 맑은 물이 필요하다고 합니다. 제 나쁜 행동 하나가 제 삶 전체를 더럽히고 공동체를 흐릴 수 있다는 사실을 더욱 명심하겠습니다.

도원이뿐 아니라 더힘스쿨을 거쳐 간 졸업생들은 오늘도 각자 배움의 현장에서 저마다의 꿈을 펼치고 있다. 그들이 영재는 아니지만 노력하는 평재로 끊임없이 성장을 이어갈 수 있는 것은 교실에서 배양된 성품 덕분이다. 어떤 시련에도 무너지지 않는 성품으로 무장한 더힘스쿨 아이들이 세상에 빛과 소금이 되어 귀하게 쓰이는 날을 고대해 본다. ♣

PART **05** 부모
PARENTS

PART
05

부모PARENTS

내 아이 수포자로 만드는 법
부모가 현명해져야 하는 이유
어머니, 먼저 공부하세요
부모 교육이 답이다
내 자녀를 회복탄력성 있는 아이로 키우는 법

내 아이 수포자로 만드는 법

"신은 산수를 한다."
— 카를 프리드리히 가우스 —

한 학부모가 딱 걸렸다. 방과 후에 자녀를 시내 학원에 보내 선행학습을 시킨 것이다. 그 학생은 일반 공립학교에 다니다가 3학년이 될때 더힘스쿨을 소개받고 전학 온 학생이었다. 나름 공부에도 관심이많고, 특히 수학을 매우 즐기는 아이였다. 그런데 그 학생은 이미 더힘스쿨에 오기 전에 우리나라 여느 학생처럼 보습학원에서 6년 과정 초등학교 수학 진도를 이미 다 나간 상태였다. 게다가 수업 만족도가 꽤높았던 어머니는 더힘스쿨로 옮긴 뒤에도 학원을 끊지 않고 계속 자녀에게 선행학습을 시키고 있었다. 물론 나는 그 사실을 전혀 몰랐다.

어떻게 되었을까? 아이의 수학 실력은 급격히 무뎌졌고, 급기야 다른 과목에도 영향을 끼쳤다. 이유는 간단하다. 다음 단계에 대한 호기심과 기대가 없기 때문이다. 더힘스쿨에서 가르치는 수학은 아이에게 전혀 매력적이지 않았다. 우선 아이에게 수업이 너무 쉬웠다. '공식 하나 넣으면 바로 해결되는데 왜 이렇게 번거롭게 문제를 풀까?' 쉬운 문제 하나를 놓고 모두가 끙끙대는 모습을 측은하게 바라보는 이 아이의 상황을 머릿속에 그려보라. 당연히 수학 수업이 즐거울 리 없다. 계산기라도 된 듯 모든 연산을 몇 초 만에 깔끔하게 풀어내던 아이가 보기에 비즈 막대와 고무줄을 이용해서 고집스럽게 곱셈과 제곱을 하나하나 이해하고 넘어가는 몬테소리 커리큘럼이 비효율적이고 지루하게 느껴졌던 건 어찌 보면 당연한 일 아닐까?

더힘스쿨은 재학생이 학원이나 과외 등 사교육을 받는 걸 용납하지 않는다. 아예 입학 때 모든 학부모에게 명시적으로 동의서를 받고 신입생을 받는다. 물론 피아노나 바이올린 등 예체능은 때에 따라 허용되지만, 국영수는 절대 불가라는 방침을 개교 이후 줄곧 고수하고 있다. 이에 대해 나는 매우 단호하다. 한 아이의 일탈은 한 아이의 문제로 끝나지 않는다. 그 아이는 교실 전체에 가라지를 뿌린다. 선행은 반칙이다. 한 아이가 교실을 독점해서는 안 된다. 아이에게 등수조차 매기지 않는 더힘스쿨은 교육시장에 팽배한 '경쟁과 순위'라는 패러다임이 교실을 어떻게 초토화하는지 똑똑히 보여주는 돌연변이다.

'친구는 내 경쟁자가 아니다. 모든 워크는 오로지 자기와의 싸움이다. 어제와 달라진 나, 그리고 지금보다 달라질 나를 두고 경쟁하는 것이다.'

결국 학교와 학원을 오가던 아이의 이중생활은 얼마 못 가 바닥을 드러냈고 학교는 부모를 불러 정중하게 학교의 가치와 규칙을 전달했다. 그 아이는 언제나 교실에서 남을 이겨야만 자신의 가치를 느끼고 우월감을 가졌던 아이였다. 자기 자신에 대한 신뢰감으로 과제를 수행하는 것이 아니라 상대를 이기고 나면 시들해져서 무엇도 시도하지 않던 아이였다. 이러한 태도는 다른 과목에도 지대한 영향을 끼치고 있었다. 이 부분을 돕기 위해 공교육에서 어렵사리 우리 학교로 전학 왔던 것이다.

"교장 선생님, 너무 죄송합니다. 제 욕심 때문에 그만⋯."
"어머니, 약속하셨잖아요? 자녀가 남을 이기는 게 아니라 자신을 이겨야 해요. 학습은 목표가 아니라 교실에서 도구로 쓰일 때, 아이는 비로소 학습을 즐기게 된답니다."

가장 무서운 게 선행학습이다. 선행학습은 백해무익하다. 선행이라는 단어 자체가 아이를 따르는 몬테소리 교육체계에서 있을 수 없기 때문이다. 특히 수학은 더 그렇다. 왜 그럴까? 오늘날 한국의 사교육 시장은 거대한 비즈니스로 성장했으며, 이를 움직이는 동력 역시 시장 논리에서 나온다. 아이의 손을 잡고 하루 날 잡아서 대치동에서 이름났다는 수학학원이면 어디든 가보라. "어머, 아직도 애가 미적분을 안 뗐다구요?" "자녀의 대학 간판은 엄마의 극성에서 판가름 납니다." 상담실장은 뭘 믿고 아이를 이렇게 무책임하게 방치했냐며 부모의 불안감을 이용해 선행학습 특강을 등록하도록 유도한다. "걱정마세요. 방학 동안 진도 싹 빼 드릴게요. 애야, 이리 온. 레벨테스트 봐야지?" 교사를 붙여 아이를 교실에 보내놓고 상담실장은 당황한 부모에게 선행학습으로 서울대에 진학한 학원생의 사례를 드라마틱하게 전달한다. 고등학교 들어가기 전까지 고등수학을 몇 바퀴 돌려야 한다, 미적분까지는 미리 끝내야 수월하다 등 낭설에 가까운 학원만의 기준을 마치 법칙이라도 되는 것처럼 부모에게 늘어놓는다.

나는 이 사이클을 '죄책감의 비즈니스'라고 부른다. 흥미로운 점은 학원비가 비쌀수록 엄마의 죄책감은 떨어지는 역비례 현상이 일어난다는 사실이다. 돈으로 부모의 책임을 끝내겠다는 심산이 숨어 있다. 이 죄책감의 비즈니스가 지난 50년간 이 땅의 공교육과 학교, 교사와 교실, 입시 정책, 심지어 출산율마저 집어삼켰다. 학교 현실을 전혀 모르는 행정가들, 국민 눈치만 보며 표를 구걸하는 정치인들이 이러한 사교육자의 탐욕만 배 불리고 기형적인 사교육시장만 키워 놨다. 특정 학군은 절대 권력이 되었으며 그 지역 주변의 인구와 부동산까지 빨아들이는 블랙홀이 되었다. 그 사이에 아무 잘못 없는 학부모와 순진무구한 아이들만 피해자로 전락한다. 어디에 하소연할 데도 없다. 우리나라 사교육은 이미 사회 구조적 문제로 여러 나라 언론에 등장하지만, 몇 점, 몇 등, 몇 등급으로 규정되는 학력 기준은 한 학생을 평가하는 절대적인 가늠자가 되었다.

사실 수학에 진도가 있다는 것 자체가 어불성설이다. 애초에 국영수에는 진도라는 게 없다. 본질적으로 길러야 하는 힘, 이때 기르지 않으면 놓쳐버리는 귀한 품성들은 다 놔두고 어른들이 일방적으로 정해놓은 지식을 아이의 말랑말랑한 머리에 구겨 넣듯 교육한다. 이런 주입식 집체교육을 잘 따라오면 모범생, 그렇지 않으면 문제아로 규정된다. 별처럼 다양한 장점과 다중지능을 지닌 아이를 오로지 규격화된 학제와 평가 기준으로 판단한다. 우리나라 엄마들이여, 아인슈타인이 어린 시절 학교에서 매번 낙제를 받았다는 사실을 상기하라. 학창 시절 별 볼 일 없었던 그가 장성하여 상대성이론으로 근대물리학의 패러다임을 바꾸게 될지 학교 교사 중에 누가 알았겠는가. 우리나라 아빠들이여, 미국 메이저리그 역대 최고의 투수로 명예의 전당에 헌액된 놀란 라이언이 18세 때 프로 입단 드래프트에 참여해서 1등도, 2등도 아닌 249등으로 뽑혔다는 사실을 기억하라. 훗날 그가 날고 긴다는 리그에서 통산 324승에 방어율 3.19, 삼진 5,714개를 잡는 정상급 투수가 될 거라고 고교 코치 중에 누가 알았겠는가.

초등학교 때 성적표가 평생, 아니 중학교라도 지속될 것 같은가? 그렇지 않다. 여러분은 과연 지금 교실에서 벌어지고 있는 정보 위주 교육의 유통기한이 몇 년이라고 생각하는가? 정보? 물론 필요하다. 하지만 정보의 홍수 시대에 주어진 정보는 끊임없이 업데이트된다. 오늘의 정보는 내일의 정보로 대체된다. 오늘 유의미했던 정보가 내일 무의해질 수 있다. 지금 아이들에게 플로피디스크 사용법을 가르친다고 누가 그 정보를 현실에서 활용할 수 있을까? 이미 사무실에서 플로피디스크는 자취를 감춘 지 오래고, 이를 대체했던 CD도 벌써 십여 년 전에 단종 됐으며, CD를 대체했던 USB는 요즘 애들뿐만 아니라 나조차 갖고 다니지 않는다. 요즘 텍스트든 사진이든 영상이든 모든 자료는 거의 다 클라우드 계정에 저장되며, 인터넷만 연결하면 언제 어디서나 스마트폰으로 쉽게 정보를 내려받을 수 있는 시대가 되었다. 문제는 어디에 가면 무슨 정보가 있는지 아는 정보 지리적 지능이 아이들에게 필요할 뿐이다. 흔히 노마디즘nomadism이라 불리는 지식의 여정이 요구된다. 우리 자녀들은 과거 특정한 방식이나 삶의 가치관에 얽매이지 않고 끊임없이 새로운 정보를 찾아가는 디지털 유목민이 되어야 한다.

이 글을 쓰고 있는 현재 세계는 챗GPT의 등장을 목도하고 있다. 생성형 인공지능을 표방하는 마이크로소프트의 챗GPT는 교육 현장뿐 아니라 산업 현장을 넘어 사회와 문화의 패러다임을 유례없이 바꿔놓을 것이다. 지금 무언가 부지런히 배워도 몇 년 후 세상은 변해 있을 게 뻔하다. 어제의 기술은 오늘이 되기 전에 이미 박제되어 폐기된다. 이렇게 급변하는 세상, 모든 발전의 속도가 교육의 속도를 훨씬 앞지르고 있는 오늘날 이런 현실에서 과연 주입식 교육, 암기식 교육, 목적 없이 답만 구하는 공부가 과연 쓸모 있을까? 미분계수의 정의가 왜 그렇게 되는지 말할 수 없는 아이, 2차방정식의 원리를 한 번도 고민해보지 않은 아이, 도형의 부피를 구하며 밑면적에 왜 높이를 곱하는지 그 이유도 모른 채 그저 공식을 암기해서 푸는 아이, 인수분해의 원리를 설명할 수 없는 아이, 수학도 암기과목이라고 믿고 있는 아이는 얼마 안 가서 챗GPT로 대체될 것이다.

수학은 호기심과 탐구력을 기르는 학문이다. 연산은 정해놓은 법칙을 따라가면 되는 것이다. 단순히 구구단을 외워서 답을 내는 게 아니라 어떻게 해서 9가 만들어지는지 교구를 이용해 구체적 활동으로 학습한 아이는 나중에 고학년이 되어 3의 제곱도 9가 된다는 사실을 저절로 추론하게 된다. 제곱은 결국 면적이다. 우리는 아무 의미도 모르고 넓이 구하는 공식으로 외웠지만, 이걸 아이들에게 주면 4의 제곱, 5의 제곱을 자신의 공식으로 만들어 낸다. 추상적 개념인 수학을 구체적인 활동으로 배울 때 아이가 느끼는 희열은 대단하다. 추상적 개념을 실제로 증명할 때 나오는 아하 모멘트! 내 아이가 수포자가 되고 싶은 부모는 오늘부터 아이가 문제집만 풀도록 해보라. 그리고 틈만 나면 아이에게 공식을 암기시켜라. 그러면 아이는 채 6개월도 안 돼서 수학에 흥미를 잃어버릴 것이다.

학부모들은 자녀가 학교에서 모든 걸 다 배워야 한다고 착각한다. 모든 학습 정보를 습득하는 건 교실에서 이뤄져야 한다고, 교육과정에서 알아야 할 모든 지식체계는 교사에서 학생으로 전달되어야 한다고 굳게 믿는다. 그래서 아이에게 암기와 시험이라는 강압적 방법을 써서라도 공식을 우격다짐 채워 넣는 데 골몰한다. 그러나 아이는 하나를 가르쳐주면 열을 안다. 핵심 원리 하나를 터득하면 나머지는 자연스러운 논리 과정에 따라 이해된다. 이 과정은 마치 도미노 효과를 보는 듯하다. 한 개의 도미노를 쓰러뜨리면 연쇄적으로 도미노들이 쓰러진다. 이때 한 개의 도미노는 넘어지면서 자신보다 1.5배가 큰 도미노를 쓰러뜨릴 수 있다. 도미노가 5센티미터라면 그 다음 7.5센티미터의 도미노를 쓰러뜨릴 수 있는 셈이다. 이렇게 1.5배씩 크기를 늘려서 계속 연산하다 보면, 29번째 도미노는 미국 뉴욕에 위치한 엠파이어스테이트빌딩을 쓰러뜨릴 높이가 되고, 57번째 도미노의 크기는 거의 달까지 닿는 크기가 된다. 더 힘스쿨은 모든 도미노를 다 쓰러뜨릴 방법을 가르치지 않는다. 오로지 단 하나의 도미노를 제대로 배우도록 돕는다.

더힘스쿨에 다니는 학생들은 수포자가 되지 않는다. 일체 선행학습과 사교육을 금하기 때문에 학생들은 다음 단계에 대한 호기심으로 가득하다. 당연히 개인별 속도가 다르다. 아이들은 메타인지가 높기 때문에 자신이 수학을 배우는 데 시간이 걸린다는 사실을 알고 다른 과목보다 시간을 더 투입함으로써 친구들과 평형을 이룬다. 그러기에 더힘스쿨은 아예 학부모에게 사교육 금지 동의서까지 받는 극성을 보인다. 그것도 떳떳하게 받는다. "이게 다 아이를 위해서입니다. 방과 후 아이를 이 학원 저 학원 뺑뺑이 돌리는 시간에 가족과 오붓한 시간을 보내세요.", "아이들이 언제나 무엇을 해야 하는 것이 아닙니다. 심심하고 무료함을 겪으면서 그 시간을 어떻게 보낼까 사고하게 되고 문제를 해결하려 하는 것을 보게 될 것입니다. 이때의 사고하는 과정은 창의력의 결정적 단서가 됩니다."

그러면서 더힘스쿨이 사교육을 반대하는 세 가지 이유를 설명한다. 첫 번째, 더힘스쿨의 커리큘럼과 몬테소리 수학 교육에 자신이 있기 때문이다. 아이는 숫자를 '머리로 생각'하는 게 아니라 '손으로 만지'게 된다. 두 번째, 선행학습은 아이의 지적 발달에도 방해가 된다. 아이는 호기심과 재미로 수학에 몰입해야 한다. 스스로 공식을 발견하고 이를 통해 수의 원리를 깨쳐야 한다. 숫자는 학원 선생님의 칠판 위가 아닌 아이의 머릿속에서 춤춰야 한다. 세 번째, 아이가 학원을 다니면 그 아이가 속한 반 분위기까지 망친다. 선행학습에 노출된 아이는 호기심을 잃어버리며, 호기심을 잃은 아이는 수업에서 엉뚱한 잡념에 빠진다. 자신의 워크에 집중하지 못하고 빈둥거리다 뒤에서 이런저런 말썽을 일으킨다.

엄마는 흔히 아이를 학교나 학원에 맡겨 놓고 자기 소임이 거기서 끝났다고 착각한다. 그리고 동네 브런치 카페로 가서 엄마들과 수다 떨거나 동호회 사람들과 들로 산으로 꽃구경 다닌다. 그러면서 '아, 나는 훌륭한 부모야.'라는 자기 최면, 아이에게 돈을 쓰며(사실 '아이'에게 쓴 게 아니라 '학원'에 갖다 바친 것이다!) '난 최선을 다했고 이젠 아이 몫이야.'라는 만족감에 안도한다. 엄마는 아이를 기다려야 한다. 아이는 영역별로 발달의 속도가 있다. 아이를 사랑한다면 기다려라. 아이가 수포자가 되는 걸 죽어도 보고 싶지 않다면 기다려라. ❖

부모가 현명해져야 하는 이유

나는 유아교육을 전공하면서 결혼하고 엄마가 되면 내 아이 하나는 제대로 가르칠 수 있을 거라고 착각했다. 애초에 난 가진 게 아무것도 없었기에 공부라도 잘해야 암담한 현실에서 벗어날 수 있었다. 그래서 공부가 벼랑 끝에서 나를 날게 해줄 이카로스의 날개라는 생각에 여름철 엉덩이에 땀띠가 나도록 책을 들이팠다. 그렇게 유치원 교사가 되면서 스스로 부모가 될 준비가 완벽하다고 자만했다. 게다가 난 직접 유치원을 설립하고 경영하는 원장이 아니던가? 내 유치원에 자녀를 등원시키는 부모들을 가르치고 있는 사람이 내 아이 하나 건사하지 못한다면 말이 안 되지 않은가? 게다가 대학원에서 「아버지의 양육 태도와 유아의 언어능력 및 사회적 능력에 관한 연구」라는 논문을 써서 교육학 석사학위도 받았으니 실무와 이론을 함께 가지고 있는 현장 전문가라는 자신감이 있었다.

그러나 현실은 그렇지 않았다. 내 자녀도 다른 아이인 듯 객관적으로 볼 수 있는 눈이라는 게 어찌 말처럼 쉽던가? 내 아이를 가르치는 건 전혀 다른 문제였다. 나도 모르게 아이의 그릇된 행동에 자꾸 화를 내고 윽박지르는 자신을 마주하게 되었다. 하루는 퇴근해서 집에 와 보니 아들 녀석 둘이 멱살잡이하며 뒤엉켜 싸우고 있는 게 아닌가. 두 녀석을 간신히 떼어놓고 자초지종을 물으니 결국 비디오가 문제였다. 지금은 모든 영상 매체가 OTT로 넘어갔지만, 당시 아이가 어렸을 때만 해도 동네마다 비디오 대여점들이 우후죽순 생겨나던 시기였다. 우리 아들 둘은 「바이오맨」을 보면서 컸다. 아이는 본 걸 금세 따라 한다. 이걸 교육학에서는 모방 학습이라고 하는데, 두 녀석은 틈만 나면 자기는 영웅, 상대는 악당인 역할 놀이에 빠져 있었다. 나는 첫째를 우선 불러 세워놓고 타일렀다.

"준용아, 너 이러면 안 돼. 동생을 때리면 되겠니?"

그러자 아들은 대뜸 이렇게 대들었다.

"괜찮아, 안 죽어. 바이오맨에서 보면 아무리 때려도 다시 살아나

던걸?"

그러면서 나에게 총을 겨누고는 쏘는 시늉을 하는 게 아닌가. 입으로 "푸슝!" 하는 소리까지 실감 나게 내면서 말이다. 나는 큰 충격을 받았다. 아이 내면에 심어진 폭력성을 보았기 때문이다. 내가 아이를 가르치는 교사인데 내 아이는 전쟁놀이를 연습하며 동생을 죽이는 연습을 하는구나. 과연 누가 이 아이의 마음속에 악의 씨앗을 뿌린 걸까? 그날 밤은 잠이 오지 않았다. 뜬눈으로 날밤을 지새우며 지난날을 찬찬히 복기해 보니 유치원 일로 바쁠 때마다 애들에게 비디오를 틀어주던 내가 보였다. 그리고 그 정체불명의 감독과 제작진이 무책임하게 만든 비디오를 옹기종기 앉아서 눈이 빠지라 보고 있는 불쌍한 아이들의 뒷모습이 보였다. 다른 집 애들을 가르치면서 정작 내 애들은 이렇게 방치하고 있었다니. 초라했다, 내가.

그날 나는 원칙을 세웠다. 그리고 아이에게 말했다. "우리 이제 싸우는 비디오는 보지 말자. 너도 모르게 총을 쏘는 행동을 하잖니? 비디오 대신 공터에서 공을 차자." 물론 「바이오맨」에 푹 빠져 있던 아이들은 입이 댓 발은 나왔지만 엄마의 말을 거역할 순 없었다. 앞으로 나는 내가 없을 때 아이들을 TV 앞에 앉혀놓는 건 절대 하지 않겠다고 선언했다. 그렇다고 아예 안 볼 수는 없으니 토요일과 일요일에만 비디오를 보여줬다. 단 폭력물 대신 「호호아줌마」나 「톰과 제리」 같은 것들만 빌려왔다. 변화는 실로 대단했다. 경쟁과 이기려는 마음이 줄고 배려와 양보하는 마음이 늘어났다. 작고 사소한 변화지만 그렇게 계발된 품성은 아이의 삶 전반에 큰 영향을 미친다.

큰 애가 고등학교 2학년 때 있었던 이야기다. 초등학교 3학년 때에 있었던 이야기를 무용담처럼 들려주었다. 친구 집에 놀러 갔는데, 마침 친구가 때리고 부수는 비디오를 보고 있더라는 것이다. "난 이런 비디오를 보면 안 되기 때문에 친구가 비디오를 다 보는 동안 마당에서 혼자 공을 차고 놀았어. 그리고 그 비디오가 끝난 후에 친구네 집에서 놀다 왔어." 타협하지 않고 원칙을 고수해 준 아들을 꼬옥 껴안으며 나는 이렇게 말해주었다. "준용아, 오늘의 네가 있는 이유는 그 시기에 네가 잘 참았기 때문이야. 고마워."

부모가 현명해져야 한다. 부모가 순간 편하자고 식당에서 아이들에게 유튜브를 틀어주는 건 양육자로서 당면한 책임을 방기하는 것이다. 학교에서 훌륭한 말씀과 교육을 받아도 돌아간 가정이 강도의 굴혈이라면 아이는 자신의 품성을 배양할 기회를 상실한다. 학교에서 머무는 시간보다 가정에 머무는 시간이 훨씬 많다. 우리가 학교에서 아무리 좋은 교육, 좋은 환경을 조성할지라도 아이가 가정에 돌아가면 원위치로 돌아가는 걸 너무 자주 목격한다. 특히 여름방학과 겨울방학이 끝나면 많은 학생들이 나사가 다 풀려서 학교로 복귀한다. 자기중심적이고 배타적이고 교사에게 징징대는 아이들이 되었다. 아이들이 얼마나 쉽게 환경의 지배를 받는지… 자연스럽게 나는 부모 교육이 얼마나 중요하며 가정을 변화시키는 교육으로 귀결되어야 한다고 믿는다.

아빠가 가정에서 바로 서야 한다. 아빠는 가정의 머리가 되어야 한다. 가정의 주권은 아빠에게 있고, 그 주권은 하늘로부터 내려온 것이다. 오늘날 일부 페미니즘은 여자의 권리를 찾아오는 게 아니라 남편의 주권을 빼앗는 것으로 변질되었다. 혹자는 시대에 뒤떨어진 발상이라고 말하겠지만, 40년 동안 현장에서 학생을 만나고 부모를 만난 교육 경력의 결론은 아빠를 가정에서 머리로 만들고, 그가 순종하는 마음으로 가정을 세울 때 비로소 아내와 자녀들 모두 안전해지고 보장이 있는 제자리를 찾는다는 것이다. 아빠가 폭군이 되라는 게 아니다. 하나님의 마음을 닮은 어진 군주가 되라는 것이다. 이 원리를 엄마, 무엇보다 아빠가 먼저 깊이 성찰해야 한다. 내가 매년 학교에서 파더와이즈Father Wise라는 행사를 고집스럽게 지속하는 이유가 여기에 있다.

바람직한 아빠상을 갖고 있는 아이는 바르게 큰다. 아빠라는 머리가 잘못되면 몸뚱어리가 모두 잘못된다. 엄마가 아빠를 세워주면 자녀도 아빠의 말을 존중하는 가풍이 만들어진다. 그래야 아빠는 남편이 된다. 남편은 영어로 허즈번드husband다. 말 그대로 '집의 울타리'라는 뜻이다. 아빠상이 바로 서야 남편 구실도 잘할 수 있다. 내가 부모 교육 때 늘 강조하는 게 아빠가 남편보다 앞선다는 말이다. 사실 이는 성경이 말하는 원칙이기도 하다. "아내들이여, 자기 남편에게 복종하기를 주께 하듯 하라. 이는 남편이 아내의 머리 됨이 그리스도께서 교회의 머리 됨과 같음이니 그가 바로 몸의 구주시니라. 그러므로 교회가 그리스도에게 하듯 아내들도 범사에 자기 남편에게 복종할지니라."(에베소서 5장 22~24절)

나는 잘났다고 남편 무시하는 엄마들을 부모 교육 때 종종 혼을 낸다. 꼰대라고 불러도 좋다. 아내가 남편을 밟고 머리 위로 올라서서 잘되는 가정을 본 적이 없기 때문이다. 그리고 그렇게 해야 아내가 남편에게 사랑을 받고 자녀의 순종도 끌어낼 수 있다. "남편들아, 아내 사랑하기를 그리스도께서 교회를 사랑하시고 그 교회를 위하여 자신을 주심 같이 하라. … 이와 같이 남편들도 자기 아내 사랑하기를 자기 자신과 같이 할지니 자기 아내를 사랑하는 자는 자기를 사랑하는 것이라."(에베소서 5장 25, 28절) 성경은 이것을 두고 '큰 비밀'이라고 말한다.

백문이 불여일견이다. 다음은 더힘스쿨을 졸업한 유정이 아빠가 보내온 편지다. 이 가정은 더힘스쿨을 믿고 세 자녀 모두 우리 학교에 보냈다. 아빠는 파더와이즈는 물론 학교가 제공하는 모든 가족 프로그램에 적극 참여하신 분으로 다른 가정에 귀감이 되길 바란다.

'기적을 대하는 눈으로 아이들을 관찰하라.'
더힘스쿨에 갈 때마다 눈여겨보고 있는 마리아 몬테소리 여사의 말씀입니다. 단 하루도 학교 가는 걸 힘들어하거나 싫다고 한 적이 없는 아이들을 보며 더힘스쿨만의 교육 방법과 철학, 매력이 있음을 믿습니다. 더힘스쿨 교육의 장점 중 하나는 바로 부모 교육입니다. 부모교육을 통해 아이들만 아니라 부모도 교육이 필요하다는 사실을 알게 되었습니다. 매년 파더와이즈와 가족캠프를 통해 올바른 가정의 중요성과 부모의 역할에 대해 깨닫게 해주셔서 감사합니다. 훌륭한 강사님을 초빙하여 교육에 대해 지속적인 관심을 갖게 해주시고 정보를 제공해 주셔서 더 현명한 아빠가 된 것 같습니다. 세 아이가 더힘스쿨에서 자라는 모습을 보며 무엇보다 기특하고 감사한 점은 신체적 성장이나 지적 발달뿐 아니라 매일 성경 말씀을 읽고 묵상하며 큐티를 통해 신앙도 성장한다는 것입니다. 저 또한 성경 말씀을 가까이하기 위해 노력하게 하는 자극제가 되기도 합니다. 매년 가족캠프, 개교기념 공연 관람, 예술제 등을 통해 가족과의 소중한 추억을 많이 갖게 해준 더힘스쿨 모든 선생님과 가족들에게 감사드립니다. 더힘스쿨 모든 아이가 세상에 선한 영향력을 미치는 주님의 마음에 합한 소중한 자녀로 자라나기를 간절히 기도합니다. 아멘!

더힘스쿨은 아이의 교육뿐 아니라 가정을 살리는 프로그램을 갖고 있다. 가정이 바로 설 때 아이도 바로 설 수 있다는 신념이 있기 때문에 해를 거르지 않고 각종 가족 행사를 진행한다. 가족과 어우러져서 밝게 웃는 아이들의 모습은 교실에서 보는 것과 또 다른 감격을 나에게 선사한다. ❖

어머니, 먼저 공부하세요

"어머니의 애정과 인내는 가장 강력한 교육 도구 중 하나다."
— 마리아 몬테소리 —

몇 해 전 코로나로 나라가 온통 어지러울 때 한 중년의 어머니가 30대 중반의 딸을 데리고 더힘스쿨 순천 캠퍼스를 찾았다. "어머니, 유치원에서 뵈었던 게 기억이 나요." 흐린 기억이지만 얼굴을 뵈니 30년 전 광양 혜화유치원에 딸 지아를 보내신 엄마가 분명해 보였다. 둘째 딸 지아만 유치원에 보냈다면 얼굴을 그렇게 단박에 떠올리지 못했겠지만, 부모 교육 프로그램에 참석해서 앞자리에서 얼마나 열성을 다해서 수업을 들었던지 지금까지 그 모습이 기억 속에 선명하게 남아 있었다.

"원장님, 제가 벌써부터 인사를 드리고 싶었는데 이제야 이렇게 찾았습니다. 죄송합니다."

사연은 이랬다. 딸 지아를 유치원에 보내고 공문을 하나 받았는데, 유치원에서 학부모를 대상으로 한 교육이 있을 예정이니 관심 있는 분은 참석하라는 내용이었다. 처음에는 큰 관심이 없어 공문을 쓰레기통에 버렸는데, 그날부터 계속 이상하게 부모 교육을 받아야겠다는 생각이 맴돌더라는 것이다. 나만 안 받는 거 같아 찜찜한 마음까지 더해져 어머니는 그날 바로 유치원에 연락해서 부모 교육 프로그램의 등록을 마쳤다고 한다.

어머니의 말을 그대로 빌리면, 그렇게 반신반의하며 받은 교육은 '충격적'이었다고 한다. "교육이 저를 완전히 바꿔놓았어요." 부모 교육 프로그램이 기존의 사고방식을 바꿔놓았고, 덕분에 첫째와 둘째 딸을 잘 키울 수 있었노라고, 지금 딸아이가 평택에 있는 공립학교 수학 선생으로 있다고, 선생님을 수소문해서 이곳 순천까지 왔노라고 어머니는 눈물을 글썽이며 내 손을 덥석 잡았다. 당시 교육은 단순히 자녀 교육에만 국한되지 않았다. 어머니는 나중에 교육학을 전공하는 열성까지 덤으로 얻게 되었노라고 환하게 웃었다. 가톨릭 신자였던 어머니는 공부를 마치고 바로 천주교 성당이 운영하는 프로그램에 상담자로 자원봉사를 하게 되었다고 한다. 부모 교육을 받은 건 평생을 통틀어 자신이 한 가장 잘한 결정이었다고 했다.

"정말 감사합니다."

어머니의 학구열을 끝이 없었다. 성당 상담실에서 자원봉사를 한 경력을 살려 교육청에서 운영하는 WE센터에서 근무할 수 있는 기회도 얻었다. 그렇게 두 모녀와 추억을 소환하며 즐거운 환담과 이야기로 짧지만 풍성한 시간을 보내고 돌아서는 뒷모습을 보며 '아, 내가 이 일을 하길 너무 잘했구나.'라는 벅찬 보람이 가슴에 밀려왔다. 어머니는 딸을 유치원에 보내면서 자신의 새로운 삶의 목표를 찾았다. 그 모든 시작이 부모 교육 프로그램이었던 거 같아서 그날 오후 내내 행복에 겨워 구름 위를 걷는 기분이었다. 3H 프로그램이 아니었다면 어쩌면 어머니는 자아실현을 할 수 없었을지 모른다. 배움은 이렇게 뜻밖의 계기로 시작되고 의외의 현장에서 완성된다.

사실 누구보다 어머니 교육의 수혜자는 바로 나다. 부모 교육이 나역시 바꿔놓았기 때문이다. 난 아무런 준비 없이 결혼과 함께 남편을 따라 전남 광양에 왔다. 신혼집을 마련하고 처음엔 남편 뒷바라지를 하면서 이곳에서 아이들을 잘 키울 심산으로 주부의 길을 선택했다. 그러나 한두 해 지나고 좀이 쑤시기 시작했다. 역시 나는 활동을 해야 에너지가 생기는 여자였다. 하루는 무기력해진 나를 보며 '이게 맞는 걸까?'라는 의구심이 들기 시작했다. 무엇보다 집에만 있는 게 지루해서 견딜 수 없었다. 그렇게 스물일곱에 유치원 원장이 되었다. 아침에 아이 손을 잡고 내원하는 엄마가 나보다 다들 나이가 많아서인지 젊은 나를 보면 대뜸 원장님부터 찾았다. "어머, 원장님이셨어요?" 내가 원장이라면 다들 깜짝 놀랐다.

그렇게 아무런 계획 없이, 오로지 유아교육을 전공했다는 이유로 겁 없이 차린 유치원이 당연히 잘될 리가 없었다. 무엇보다 돈 벌기 위해 유치원을 열었던 첫 번째 목적이 충족되지 않았다. 원아는 백여 명 되었지만, 운영에 서툴렀던 건지 교사 인건비 빼고 나면 남는 게 없었다. 그렇게 3년을 질질 끌면서 유치원을 운영했고 나의 수중엔 돈은 커녕 빚만 잔뜩 늘게 되었다. 수입과 지출의 갭이 남편 월급으로 충당이 안 될 정도가 되자 슬슬 걱정이 앞섰다. '그만둘까?' 당시 내 머릿속에 맴돌았던 건 어서 빨리 유치원을 그만두고 싶다는 거였다. 행복하지 않으니 교육이 일로 느껴졌고 하나도 즐겁지 않았다.

그렇게 유치원을 넘길 대상을 찾고 있을 때였다. 하루는 광주보건대에서 유아교육과 교수로 있던 동향 선배로부터 전화가 걸려 왔다. 재미있니, 할 만하니, 서로의 안부를 묻고 이런저런 이야기를 나누다가 내 넋두리를 듣게 된 선배는 내가 유치원에 대한 열정이 식었다는 사실을 금세 눈치챘다. 통화를 마무리하며 전화기를 내려놓으려 할 때 선배는 대뜸 나를 만나러 광양에 한 번 오겠다고 했다. 그리고 그 주에 득달같이 선배는 광양으로 날아와 유치원부터 찾았다. 나중에 물어보니 선배 왈, "당시 너를 그대로 뒀다가는 안 될 거 같아서 부랴 부랴 찾아갔다."는 거였다.

그렇게 나를 찾은 선배 교수는 유치원을 둘러보며 진지한 표정으로 나에게 이렇게 말했다.

"미향아, 니가 이렇게 유치원을 그만두면 우리나라 유아교육계에 큰 손실이 될 거야."

단 한마디였다. 그저 지나치며 나 듣기 좋으라고 한 말일 수도 있는 그 한마디, 그 한마디가 당시 나에게 큰 울림이 되었다. 나중에 물어 보니 행여 내가 유치원을 그만둘까 걱정이 앞서 나를 말리고 싶었단 다. 그리고 선배는 애들보다 학부모를 먼저 교육해야 한다며 부모 교 육 프로그램을 제안했다. "내가 그냥 해줄게. 학부모들이나 모아줘." 그렇게 한 달 뒤 선배가 옆에서 나를 감시할 겸 직접 혜화유치원에서 9주 동안 학부모 상담과 함께 STEP 교육을 해줬다.

나 역시 선배가 해주는 교육을 학부모들 옆에서 함께 들으며 훈련 을 받았다. 그러고는 큰 충격을 받았다. 무엇보다 잘못된 나의 자녀 양육 방식이 떠올라 너무 부끄럽고 아이들에게 미안했다. 배운 지식 으로 기른 게 아니라 내 그릇된 경험에 따라, 내 못난 성질에 따라, 내

부모의 과거 방식을 물려받아 그렇게 아들들을 양육하고 있었다. '아, 나부터 문제가 많았구나.' 나 역시 부모 교육으로 자녀 양육과 교육 방식에 있어 극적인 선회를 경험했다. 증인이니까 부모 교육 커리큘럼의 위력을 누구보다 내가 잘 안다.

그럼 유치원은 어떻게 됐을까? 혜화유치원은 그 부모 교육 프로그램을 통해 완전히 뒤집어졌다. 나의 교육 인생에 여러 번의 결정적인 변곡점이 있는데, 그중에 첫 번째 변곡점이 바로 그때 일어난 셈이다. 그렇게 나는 부모 교육을 추가하면서 비로소 유아교육의 전모를 알게 되었다. 그때 함께 참여한 부모들 역시 프로그램에 커다란 만족감을 드러냈다. "원장선생님, 이렇게 좋은 수업을 열어 주셔서 너무 감사합니다." 정작 내 아이디어도 아니었는데, 참석한 어머니들 모두 울면서 내 손을 잡고 얼마나 고마워하는지 얼마 전까지 유치원을 접을 생각만 했던 내가 조금 쑥스럽게 느껴졌다. 그렇게 교육을 마치고 돌아간 엄마들이 다들 혜화유치원의 기둥이 되었고 덕분에 지금까지 유치원은 부모들의 신뢰를 바탕으로 잘 운영되고 있다.

다음은 더힘스쿨에 두 아이를 보낸 주안이, 지아 엄마가 보내온 편지다. 정신과 의사이기도 한 엄마가 본교 부모 교육 프로그램을 이수한 뒤 내게 직접 보내서 여기에 소개한다.

20대 후반, 저는 공부를 하느라 하루하루 버티는 상황에서 결혼과 출산이라는 인생의 중요한 변화를 맞게 되었습니다. 지금 생각해 보면, 당장 제 삶이 완전히 달라질 수밖에 없는 사건들이었는데도 막연한 기대와 근거 없는 자신감뿐 사실 아무런 준비가 되어 있지 않았던 것 같습니다. 저에게 태어나준 아이가 너무 신비롭고 사랑스러워 기쁨과 감사의 시간도 있었습니다. 그러나 한편으로는 부모로서 놓치고 있는 부분이 있을까 싶어 아이의 감정보다는 다른 사람의 육아 방식과 근거 없는 교육 정보에 솔깃하며 중심을 잡지 못하고 흔들리던 때가 더 많았습니다.

결국 저희 부부는 양육을 위해 개인적 소망과 사회적 목표를 조금씩 내려놓을 수밖에 없었습니다. 그렇게 성취에 대한 욕심이 채워지지 않아 아쉬움이 남았고, 앞으로 치고 나아가는 동료들을 보고 울적한 마음이 들기도 했습니다. 때로는 억울한 마음도 들었죠. 그런 의미에서 주안이가 더힘스쿨로 전학하고 지아가 힘스유치원에 입학한 일은 우리 가정과 제 인생에 놀라운 변화를 가져왔습니다. 특별히 저의 가치관이 변했습니다. 이게 다 이미향 교장 선생님을 비롯한 선생님들께서 학생 교육은 물론 부모 교육을 통해 학교와 가정을 하나의 교육공동체로 묶기 위해 헌신과 수고를 아끼지 않은 덕분입니다. 특히 이번 부모 교육을 통해 배운 두 가지 중요한 깨달음은 제 인생의 중요한 전환점이 되었다고 자부할 수 있습니다.

첫째로 자녀들 모두 신앙을 물려받아 하나님의 사람으로 아름답게 성장하도록 돕는 게 부모인 저의 소명임을 알게 되었습니다. 그저 '우리 아이들이 바르게 크고 행복하면 되지.'라고 합리화하는 게 아니라 부모도 자녀도 하나님 앞에 서는 날까지 믿음을 잃지 않도록 살아가는 게 가장 중요한 축복임을 알게 되었습니다. 학교에서 하루 8시간 이상을 보내면서 주안이와 지아가 자연스레 기독교의 세계관을 갖고 지식의 근본인 하나님을 경외하는 자녀가 되는 것이 이제 저의 소망이 되었습니다.

둘째는 가정에서 아버지이자 남편을 권위자로 인정하지 않았던 과거 저의 못된 태도가 불만족과 불평의 원인임을 깨달았습니다. 교육 중에 하나님의 주권을 인정하지 않고 남편을 가정의 왕으로 섬기지 못했던 저의 불순종을 여실히 보았습니다. 더불어 가정의 권위자를 인정하고 이 세상의 권위자를 인정할 때 참된 쉼과 평안을 누릴 수 있다는 사실을 품성 교육을 통해 깨달았습니다.

저는 하나님께 빚진 자며 부모로서 한참 부족한 사람입니다. 아이들에게 이런 것을 도와줘야지, 챙겨줘야지 했다가 채 일주일도 지나지 않아 그런 결심이 스르르 사라진 적이 너무 많습니다. 특히 자녀가 중학생이 되고 사춘기를 겪으며 부모로서 불안하여 통제만 하려고 했던 제 모습을 보았습니다. 그래도 더힘스쿨에서 아이에게 품성 교육을 통해 일관된 가치와 목적을 심어주어 약간의 의견 충돌은 있어도 서로 존중하며 이 시기를 무사히 지나고 있는 것 같아 기쁩니다. 부모로서 중심을 잃지 않도록, 또한 하나님께서 친히 주안이와 지아의 주권자이자 큰 부모가 되어 달라고 무릎 꿇고 기도합니다.

'한 아이를 키우려면 온 마을이 필요하다.'는 아프리카 속담을 이미향 교장 선생님을 통해 들었습니다. 부모와 교사가 건실한 교육공동체로서 든든한 마을이 되어 한 아이를 하나님께서 기뻐하시는 사람으로 성장시키는 일에 함께할 수 있어 참 감사합니다.

몬테소리 여사는 부모에게 이렇게 조언한다. "그러므로 어머니는 외양적인 위생 기준에 맞춰 조성된 무균의 세계, 즉 젖먹이 방과 아이의 방에 아이를 가둬놓아서는 안 된다. 어머니는 아이가 다양한 경험들을 의식적으로 이해하지 못한다는 단 하나의 이유 때문에 아이가 아무런 경험도 필요로 하지 않는다고 생각해서는 안 된다. 어머니는 아이를 이곳저곳 데리고 다니면서 아이가 현실 세계에 대한 인상들을 풍부하게 흡수하도록 하는 것이 좋다."[*] 내가 학부모를 가르치면 보통 15명 정도 수업을 듣는데, 한 엄마의 고백에 나를 포함해서 엄마

---

[*] 『몬테소리 평전』, 223.

들이 다 크게 웃은 적이 있다. "애를 혼내려고 할 때면 원장님 얼굴이 떠올라서 못하겠어요." 돌이켜 보면, 부모 교육을 열심히 한 덕을 첫째는 내가 보았고, 둘째는 내 자녀가 보았고, 셋째는 우리 가정이 보았다. ✤

부모 교육이 답이다

"우리는 자녀들을 떠나는 편리함이 어머니에게서 첫 번째로 중요하고 당연한 사회적 의무,
즉 연약한 자녀를 돌보고 교육해야 할 의무를 빼앗는다고 더 이상 말할 수 없다."
— 마리아 몬테소리 —

　　흔히 우리는 밥상머리 교육이라는 말을 한다. 많은 부모가 밥상머리 교육이라고 하면 간단한 식사 예절이나 테이블 매너 따위를 아이에게 가르치는 정도로 알고 있다. 밥 먹을 때 소리 내지 마라, 음식을 씹을 때 입안이 보이지 않게 해라, 어른이 먼저 첫술을 뜰 때까지 기다려라 등등 우리가 일상에서 말하는 식탁 예의를 떠올린다. 하지만 진짜 밥상머리 교육은 단순히 에티켓이나 교양의 전수가 아니라 식사 중 가족끼리 주고받는 대화와 그 방식에 방점이 있다. 사실 식사 자리는 하루 중 부모와 아이가 소통할 수 있는 얼마 안 되는 시간이다. 어쩌면 저녁 식사는 자녀에게 어떤 일이 있었고 어떤 생각을 했는지 따뜻하고 푸근한 분위기에서 자유롭게 대화할 수 있는 거의 유일한 시

간일지 모른다.

밥상머리 교육은 대화를 통해 아이가 부모와 정서를 교감하고 생각을 나누며 내적 성장을 도모할 좋은 기회다. 부모는 그날 읽었던 책이나 보았던 영상을 이야기해 주며 아이가 사고를 계발하고 유대감을 키우는 데 매진할 수 있다. 미국인이 가장 사랑하는 정치인, 케네디 대통령의 부모도 케네디가 어렸을 때 그날 읽었던 신문 기사를 갖고 식탁에서 토론을 나눴던 것으로 유명하지 않은가. 밥상머리 교육은 가정에서만 할 수 있는 유일한 교육이다.

나는 교육의 요체가 가정 교육이라고 생각한다. 가정은 학교의 연장이고 교실의 확장이다. 교실에서 교사들만 아이를 교육하는 것이 아니다. 가정에서 교육이 함께 일어나야 한다. 이를 위해 나는 더힘스쿨에서 부모 교육을 최우선으로 놓는다. 한해 학사일정 중에 부모 교육은 가장 중요한 학내 행사다. 부모 교육은 가정 안에 학교를 심는 것이라고 믿기 때문이다. 가정에도 똑같이 학교가 세워지지 않는다면 아이의 교육은 반쪽짜리일 수밖에 없다.

나는 혜화유치원 때부터 가정에 학교를 심기 위해 부모 교육 커리큘럼을 만들고 다듬어왔다. 그런 것이 벌써 32년이 넘었다. 그러니 얼마나 많은 경험과 내러티브가 녹아들어 있겠는가. 처음에는 기존

STEP을 모방해서 커리큘럼을 짰고 경험과 사례가 쌓이면서 혜화유치원과 더힘스쿨에 맞는 3H라는 프로그램을 만들었다. 보통 9주 동안 진행되는 3H 부모 교육 프로그램은 영어로 '해피 홈스 오브 힘스 Happy Homes of HIMS'의 머리글자다. 나는 각 가정의 밥상머리 교육을 근본적으로 바꿔놓을 작정으로 이 프로그램을 개발했고, 지금껏 이 교육을 이수한 학부모만 천여 명이 넘는다. 이번 장에서는 이 이야기를 할까 한다.

부모 교육에 애착이 많다 보니 이와 관련한 책도 지금 구상 중이다. 어느 순간 부모 교육과 상담을 병행하며 엄마들이 이 순간을 잘 지나갈 수 있게 도와줘야겠다는 생각이 들었기 때문이다. 왜 가정을 지켜야 하는지, 왜 아빠를 선장으로 두고 가정의 키를 맡겨야 하는지 가르쳐야 온전히 아이의 교육이 완성될 수 있다고 믿는다. 이 일에 누군가가 안내자가 되어 그들이 바로 설 수 있도록 돕는다면 각 가정이 굳건히 세워지지 않을까?

최근에는 3H 프로그램이 부모 교육을 넘어 가정 수호의 버팀목이 되고 있는 것 같다. 유치원에 큰 아이를 보낼 때는 덜한데 둘째를 보낼 시기가 되면 젊은 엄마들에게 상당한 바람이 불어온다. 문득 거울에 비친 자기 모습을 보게 되는 시점이 딱 그때다. 어디서 불어오는지 바람은 한 여자가 가진 모든 걸 파괴한다. 우선 엄마들에게 자아실현에 대한 욕구가 찾아온다. 일 좀 해볼까? 그래도 여기까지는 괜찮다. 더 나아가 엄마는 여자로서의 삶을 찾고 싶어 한다. 남편에게 평소 받지 못한 관심과 사랑을 외부에서 찾으려 한다. 그러다 보면 자연스레 부부 사이가 틀어지고 그 틈새로 악한 기운이 엄습한다. 위기의 순간, 학부모들은 나를 찾는다. 더힘스쿨 교장실은 엄마들의 사랑방이다.

그중에 기억나는 사례가 하나 있다. 큰아이는 중학교 1학년, 작은 아이는 5학년인 학부모 이야기다. 엄마는 비록 대학을 나오지는 못했지만 지적 욕구가 매우 강한 사람이다. 한마디로 똑똑한 여성이다. 늦게 결혼해서 광양에 이사 왔고, 혜화유치원에 큰아이를 보내면서 3H에 부모 교육을 받게 되었다. 엄마는 3주째 교육을 받다가 문득 이런 생각이 들었다고 한다. '내가 원장님을 만나지 않았더라면 동네 아줌마들과 사우나에 모여 희멀건 살을 드러내며 커피를 마시고 이집 저집 남편 흉만 보면서 인생을 마감할 뻔했겠구나.' 4주째 엄마는 개인 상담을 신청하였고 그녀는 평소 남편과 관계가 좋지 않아서 이혼하는 게 목표였다는 말을 털어놓았다. "저는 그 인간과 이혼하고 싶어요. 시기를 조절하고 있었을 뿐입니다." 나는 최대한 가정을 지켜야 한다, 이혼이 능사가 아니다, 아이에게 아버지를 빼앗을 권리가 당신에게 없다며 그녀를 설득했다.

하루는 교장실에 찾아와서 울면서 이야기했다. 어쭙잖지만 나를 흉내 내며 살기로 했다고, 원장님이 가르쳐 주는 대로 삶을 한번 살아 보기로 했다고, 그러면서 보낼 형편은 안 되는데 자녀들을 학교에 보내보겠다고 했다. 나는 엄마의 손을 꼭 잡고는 그런 마음이라면 내가 더 고맙다고 했다. 그렇게 큰아이가 더힘스쿨에 들어왔다. 지금은 더 힘스쿨을 졸업하고 중학교로 진학했는데 학교에서 공부로 탑을 달리고 있다고 한다. 그렇게 엄마의 마음이 열리니 그 가정이 조금씩 변하기 시작했다. 먼저 자녀와 소통되더니 점점 남편과도 조금씩 마음을 터놓고 이야기하게 되었다. "원장선생님 덕분에 저희 가정이 유지됩니다." 3H 프로그램에 참여한 엄마들에게 남편이 사랑스러운 이유 스무 가지를 쓰고 사인을 받아오는 숙제를 내준다.. 이 전통은 3H 프로그램에서 빼놓을 수 없는 과정이다. 엄마들이 각자 써온 남편이 사랑스런 이유 스무 가지를 함께 나누는 시간을 갖는다. 덕분에 그날 밤 넷째가 생기는 가정도 있었다.

3H 교육 프로그램은 내가 사명감을 가지고 만든 부모 교육이다. 부모 교육을 통해 부모가 바뀌고 가정이 바뀌고 아이가 바뀐다. 다음은 혜화유치원 시절 은후 엄마가 보내온 편지 중 일부다.

아이를 혜화유치원에 보낸다면 한 번은 꼭 들어야 한다는 주변인들의 추천에 자의반 타의반 부모 교육을 신청했다. 그렇게 듣게 된 3H 교육 프로그램은 아이에 대한 미안함과 나에 대한 반성, 그리고 남편에 대한 고마움을 느낄 수 있었던 너무 멋진 기회였다. 교육을 받으며 나는 내 아이의 예민한 성격과 짜증, 불안이 아이의 문제가 아닌 모두 나의 잘못된 육아

방식 때문이란 걸 깨닫게 되었다. 아이는 잘못이 없구나. 모두 내 잘못이구나 하는 생각이 계속 들어 아이에게 너무 미안했다. 더 일찍 3H 교육을 들었더라면 아이를 더 많이 이해하고 더 많이 사랑할 수 있었을 텐데. 하지만 지금이라도 이런 멋진 강의를 들을 수 있어서 다행이라는 생각도 들었다.

혼자서 생각해 본다. 3H 교육을 듣지 않았더라면 지금도 아이와 힘겨루기를 하며 아이의 수발을 들어주는 매일 전쟁 같은 일상을 보내고 있을 것이다. 아직 많이 부족하고 어렵지만, 9주간의 강의 내용을 열심히 배워 아이에게 좀 더 나은 부모가 되기 위해 꾸준히 연습하고 적용해야겠다고 매일 생각한다. '기억하면 거역하지 않는다'는 말처럼 아이가 다 커서 독립할 때까지 3H 강의 내용을 기억하며 아이를 존중하며 완벽한 부모가 되지 않게 노력할 것이다. 이런 멋진 강의를 들을 수 있게 기회를 준 혜화유치원과 9주 동안 엄청난 열정으로 강의를 해주신 이미향 원장선생님께 정말 감사하다는 말을 전하고 싶다.

부모 교육의 또 다른 묘미는 남편과의 관계 개선에 있었다. 가장 가까이 있는 사람을 대하는 태도가 아이가 보는 내 민낯일 것이다. 어쭙잖게 몬테소리 철학을 받든답시고 '흡수하는 정신'을 남편에게 외치며 아이 앞에서 바르게 행동할 것을 요구하면서 정작 나는 남편에게 그간 어떻게 행동했는지, 그 모습을 우리 아이는 어떻게 보았을지 생각하니 낯 뜨겁고 창피하다. 교육받은 걸 바로 남편에게 써먹으니 "왜 그래? 무서워." 눈이 동그래지며 낯설어하는 남편의 표정을 보는 것도 재미있는 일이다.

부모 교육이 끝난 지금 나는 아이와의 갈등 상황에서 반영적 경청과 무반응 사이를 저울질하며 훈련 내용을 적용하려고 고군분투하고 있다. 이 과정에서 인내심의 한계를 몇 번이나 넘나들었던 건 물론이거니와 '완벽한 부모'의 모습을 완전히 버리지 못하고 못된 버릇이 자꾸 나오려고 했다. 그래도 9주간의 교육이 도움이 되었는지 아이를 수평적으로 대하는 법을 적용해 비로소 나와 아이 사이의 적절한 거리와 균형을 찾아가는 중이다. 무엇보다 아이를 보는 내 시선이 크게 달라졌다. 문제 삼지 않으니 문제가 되지 않았다. 아이는 자기만의 속도로 자율적이고도 독립적인 인격체로 성장하려고 노력하고 있을 뿐이었다. 아이의 모든 행동이 기특하고 대견하고 사랑스러울 따름이다. 아이를 바라보는 매 순간을 행복하게 여길 수 있게 되었다. 이 마법 같은 변화를 아이를 키우는 모든 부모가 경험할 수 있기를 바란다. 마지막으로 귀한 시간을 내어 성숙한 부모로 성장할 기회를 만들어 주신 이미향 원장님께 심심한 감사의 말씀을 전하고 싶다.

부모 교육 때 내가 잊지 않고 하는 말이 있다. '신사임당은 엄마들의 롤모델이 아니다.' 우리나라 5만 원권 지폐의 주인공 신사임당은 현모양처의 표본이자 1만 원권 지폐의 주인공이자 위대한 유학자인 율곡 이이를 낳은 어머니로 숭상된다. 어디 그뿐인가. 장남과 연배가 비슷한 주막집 여자를 생전에 첩으로 삼았던 남편 이원수(이름부터 '원수'다!)를 참고 평생 내조했던 어진 아내이기도 했다. 교양 있어, 아들 잘 키워, 남편 내조 잘해… 신사임당은 거의 완벽에 가까운 여자다. 이쯤 되니 우리나라 엄마들이 모두 신사임당 콤플렉스에 빠져 있을 수밖에 없다.

그러나 솔직히 말해서 신사임당이 살았던 시대와 오늘날 우리가 살아가는 시대는 너무 다르다. 우리 중에서 누구도 신사임당처럼 하루 종일 난을 치고 같은 양반댁 여인들과 다도茶道를 실천하며 서산에 지는 해를 바라보며 시조나 읊는 사대부집 마님일 수 없다. 집에 식모가 끼니마다 해주는 밥을 먹고 사서삼경을 읽는 것으로 하루를 마무리하는 신사임당에게 율곡 이이를 가르치는 데 시간을 내는 건 훨씬 쉬웠을 것이다. 나는 요즘에도 부모 교육 때 이렇게 말한다. "괜히 스스로 신사임당처럼 되지 못하는 것에 대해 스트레스를 받고 죄책감 갖지 마세요. 위대한 엄마는 바로 여러분들입니다." ♣

내 자녀를 회복탄력성 있는 아이로
키우는 법

"모든 것에는 갈라진 틈이 있다. 바로 그 틈으로 빛이 들어온다."
— 레오나드 코헨 —

아이는 실패를 통해 배운다. 실패는 아이가 학습의 길에서 만나는 도반道伴이다. 아니, 실패는 아이가 걸어가는 성장의 길가에 지천으로 피어 있는 들풀과 같다. 무심코 들풀을 꺾지 말라. 아이는 실패의 들풀에서 성장의 씨앗을 찾아내기 때문이다. 아이가 들풀을 꺾어 풀피리를 분다고 뭐라 하지 말라. 실패를 유쾌한 음악으로 풀어내는 아이만의 내공으로 훗날 세종문화회관 대강당에서 플루트를 불 수도 있기 때문이다. 하찮은 들풀도 바람직한 환경을 만나면 약초가 되고 약초도 잘못된 환경을 만나면 잡초로 전락한다. 아이가 실패하는 걸 이상한 눈으로 바라보지 말라. 아이는 실패를 통해 더 단단해지며 실패를 겪으며 더 현명해지기 때문이다. 그렇다고 실패를 눈감아주거나 실패에 둔감하지 말라. 실패를 통해 배울 수 있어야 하고 실패를 넘으며 더 멀리 도약해야 한다.

더힘스쿨에서 어린 학생들을 가르치다 보면 보통 두 종류의 아이를 발견한다. 고무공 같은 아이와 유리공 같은 아이다. 유리공 같은 아이는 실패를 두려워하며 매사에 조심 또 조심한다. 그에게 실수는 실패다. 그는 도리어 어른의 눈에 현명하고 진중한 아이로 비치기도 한다. 유리공 아이는 교사로부터 칭찬에 목말라한다. 그래서 블록 하나 올려놓고도 교사에게 또르르 달려와 "저 잘했죠?"라고 되묻는다. 그에비해 고무공 같은 아이는 매사에 덤벙거린다. 럭비공처럼 좌충우돌 어디로 튈지 모른다. 그는 실패를 두려워하지 않는다. 아니 그의 사전에 실패란 없다. 모든 실패는 성공으로 가는 또 다른 방법의 하나이기 때문이다. 어른은 그런 고무공 아이에게 근엄하게 외친다. "뛰지 마!" "가만히 있어!" "나대지 마!" 그러나 그는 어른의 칭찬이 그리 중요하지 않다. 내면의 호기심과 열정에 따라 움직이기 때문이다. 스스로 흥미와 보람, 재미와 성취가 있으면 그만이다.

고무공 아이와 유리공 아이를 평소에는 구별할 수 없다. 같은 반 같은 수업을 받으며 모두 동일한 결과를 낼 수 있다. 고무공 아이와 유리공 아이를 구별할 수 있을 때는 아이가 실패를 맞닥뜨릴 경우다. 유리공 아이는 실패를 만나는 순간 와장창 깨진다. 당연히 실패를 통해 배울 수도 없다. 유리공 아이는 다시 원상태로 돌아갈 수 없다. 한 번의 실패는 곧 포기를 의미한다. 반면 고무공 아이는 실패를 전혀 두려워하지 않는다. 어쩌면 실패를 즐기는 것 같다. 실패를 만나 순간 형태가 일그러질 수는 있어도 금세 제 모습으로 되돌아간다. 그리고 언제 그랬냐는 듯 다시 워크에 몰입한다. 고무공 아이는 차라리 실패가 반갑다. 성공에 그만큼 가까이 왔다는 반증이기 때문이다.

고무공 같은 아이	유리공 같은 아이
실패하면 다시 일어섬	실패하면 와장창 깨짐
실패를 두려워하지 않음	실패를 매우 두려워함
실패한 다음 다시 도전함	실패한 다음 도전을 포기함

| 두 종류의 아이: 내 아이는 어떤 아이일까? |

실패를 극복하는 힘, 이를 심리학에서는 회복탄력성resilience이라 부른다. 많은 사람이 아이의 환경은 성격 형성에 절대적이며, 인간은 환경의 동물이라고 말한다. 그러나 환경을 선택한 건 아이가 아니다. 아이는 잘못이 없다. 가난은 아이의 잘못이 아니다. 이혼도 아이의 잘못이 아니다. 때로 아이는 때 묻지 않은 하얀 도화지 같지만 무책임한 어른이 난도질하듯 마구 그어놓은 낙서를 지울 수 있는 지우개를 하나씩 갖고 있다. 이것이 몬테소리 여사가 아이의 내면에서 발견한 회복탄력성이라는 저력이다. 아이는 너무 쉽게 주변에 물들 수 있지만,

동시에 외부의 두터운 영향력을 아무렇지 않게 돌파할 수 있는 잠재력도 갖고 있다. 회복탄력성은 아이가 인생에서 만나는 역경으로 깨어지거나 부서지지 않고 원점의 자신으로 돌아갈 수 있는 심리적 복원력이다. 회복탄력성이 있는 아이는 실패를 딛고 오뚝이처럼 일어난다.

미국 미네소타대학교의 노먼 가르메지Norman Garmezy와 엘리엇 로드닉Eliot Rodnick은 정신분열증을 연구하다가 놀라운 사실을 하나 발견했다. 특정한 환자가 그렇지 않은 이들보다 자신의 병을 극복하고 완쾌되는 비율이 훨씬 높다는 통계였다. 다른 신체적, 유전적, 환경적 요인은 엇비슷했다. 그들의 차이를 낸 건 다름 아닌 회복탄력성의 유무였다. 미 캘리포니아대학교의 에미 워너Emmy E. Werner 교수는 수십 년에 걸친 추적조사를 통해 이러한 회복탄력성이 아이들의 학습과 성취에 얼마나 중요한 역할을 하는지 밝혔다. 그녀는 1955년부터 미국령 하와이 카우아이 섬에서 탄생한 신생아 698명을 조사 대상으로 삼았다. 편부모 가정이나 결손 가정, 아동학대 등 열악한 환경에서 자란 아이들이 정상적인 성인으로 자라지 못한다는 세간의 편견이 사실인지 통계로 확인하고 싶었다. 워니 교수가 32년에 걸쳐 해당 학생들을 직접 접촉하고 만나며 밝혀낸 사실은 세상을 놀라게 했다. 그녀는 특별히 부모가 이혼했거나 사별했거나 알코올중독자거나 아동 폭력을 저지르는 등, 이른바 역기능 가정에서 자란 아이 210여 명 중에서 3분의 1 정도의 아이는 많은 이들의 우려와 달리 유능하고 자신감 있고 원만한 성인으로 성장한 사실을 발견했다.

워너를 더 놀라게 한 것은 나쁜 환경을 극복하고 성장한 아이들이 가진 든든한 성품이었다. 그들은 어린 시절을 거쳐 질풍노도와 같은 청소년기에 남들처럼 비행을 저지르지도, 학교나 사회에서 문제를 일으키지도 않았다. 그들의 배경은 암담했다. 개중에 엄마는 마약을 했고, 아빠는 술만 마셔댔다. 몸을 파는 엄마, 가죽끈으로 때리는 아빠도 있었다. '그럼에도 불구하고' 적잖은 아이가 이 모든 장애물을 걷어내고 누구보다 준수하게 성장했다. 상당수는 학창 시절 꿈꿨던 직업 목표를 성취했고 원만한 배우자를 만나 무리 없이 가정을 꾸렸다. 워너 교수가 조사하던 기간에 40세가 된 이들 중 실업자로 남아 있는 사람은 단 한 명도 없었고, 이혼율이나 사망률, 발병률도 또래보다 현저하게 낮았다. 교육과 직업에 있어서 그들이 보여준 성취도는 경제적으로 안정된 가정환경에서 자란 또래의 평균보다 더 높았다. 대체 어떻게 이런 일이 벌어질 수 있었던 걸까?

유리공 아이는 어떻게 고무공 아이로 거듭날 수 있을까? 엄마의 몫이다. 일본의 도예는 잘 모르지만 '킨츠기金繼ぎ'라는 공예가 있다고 한다. 흔히 '금선'이라고 하는 이 기법은 깨진 도자기를 예술품의 형태로 붙이는 기술이다. 그 기술이 매우 정교해서 깨지지 않은 도자기

보다 그렇게 수선한 도자기가 수십 배의 가치가 더 나간다고 한다. 킨 츠기의 핵심은 깨진 부분에 옻칠을 발라 조각들을 하나씩 꼼꼼히 이 어 붙이고 그 틈새에 금이나 은, 백금을 입혀 그 자체로 하나의 예술 품으로 재탄생시킨다는 것이다. 킨츠기의 유래는 도자기를 귀하게 여 겼던 과거 일본 문화로 거슬러 올라간다. 워낙 도자기 한 점이 비쌌기 때문에 일반 가정에서는 깨진 그릇이라도 버리지 못하고 계속 써야만 했다. 그나마 안 깨진 것처럼 둔갑시키는 기술이 발달하게 되면서 킨 츠키가 탄생한 것이다.

깨진 도자기 그릇을 버리지 않고 새로운 예술작품으로 둔갑시키 는 모습은 교육자로서 언제나 감동적이다. 옷에 검댕이 조금 묻었다 고 엄마가 아이에게 "아휴, 못살아. 당장 그 옷 벗어. 그리고 너 화장 실 들어가서 씻어."라고 윽박지르면 아이는 자신이 더러워졌다고 생 각한다. 덧셈 뺄셈 문제 하나 틀렸다고 "내가 미쳐. 넌 대체 누굴 닮은 거니?"라고 혼내면 아이는 자신의 뿌리를 혼동한다. 아이는 어른들의 평가에 따라 자신의 실패를 규정한다. 아이에게 실패를 실패라고 부 르도록 강요하지 말라. 그게 엄마의 실패일 수는 있어도 아이의 실패 는 아니지 않는가?✤

PART
06

아이CHILD

격려와 쓸모
호기심을 잃은 아이는 전부를 잃은 것이다
놀이의 위대함
완벽한 엄마, 사춘기 아이
미래 세대를 위한 나눔 교육

격려와 쓸모

난 어렸을 때 잔다르크를 꿈꿨다. 잔다르크가 누군지도 잘 모르면서 위인전 속 그녀가 무작정 멋있게 보였다. 지금 생각하면 어이가 없어 웃음이 나오지만, 어린 마음에 은색 갑옷을 입고 긴 창을 휘두르며 말을 타고 달리는 금발의 십대 소녀가 너무 멋있었다. 한참 시간이 흐른 나중에야 잔다르크가 국난에 빠진 조국 프랑스를 구하려고 전쟁에 뛰어든 프랑스 오를레앙의 성녀라는 사실을 알게 되었다. 그리고 적국은 물론 조국도 등을 돌린 상태에서 마녀로 몰린 채 꽃다운 나이에 화형대에서 산화한 사실도 알게 되었다. 분명 그녀는 시대를 앞서갔고, 세상을 바꾸고 싶어 했다. 나 역시 그러고 싶었다.

내가 십대였을 때는 모든 게 열악하고 부족하기만 했다. 그 시절 가난의 짐은 모두가 나누어 져야 했지만, 여자에게는 더 가혹한 희생과 인내가 요구되었다. 영일만의 작은 해변마을 소환리에는 또래 여자아이가 열한 명 있었다. 열한 명의 가스나들은 초등학교(당시에는 '국민학교')를 졸업하고 중학교로 진학해야 했는데 정작 중학교에 진학한 아이는 나뿐이었다. 그러다 이듬해에 민숙과 명숙이 등 두어 명이 중학교에 진학했다. 그때는 그랬다. 집집마다 아들은 공부시켜도 딸은 공부시키지 않았다.

대부분 딸은 살림 밑천이었다. 부모님을 거들며 농사일을 돕거나 하다못해 읍내에 나가 허드렛일을 하고 일당을 벌어야 했다. 일손이 부족하다고 여자애를 배에 태울 순 없는 노릇이었으니까. 달거리하는 여자가 배에 타면 재수 없다고 여기던 때였다. 교육을 받고 상급 학교로 진학할 사다리를 잃은 친구들은 방직공장으로, 부잣집 식모로, 식당 보조로 그렇게 돈을 벌기 위해 나갔다. 그렇게 여자아이는 제사상에나 오르던 설익은 고두밥처럼 살아야 했다.

나는 달랐다. 소위 시대 불만을 갖고 있었다. 기치를 든 잔다르크가 되고 싶었다. 어쩌면 이건 내 어머니가 나에게 가르쳐준 삶의 원칙이었다. 어머니는 그 시절에 여자도 배워야 한다며 중학교 진학을 강행했다. 6학년 때였을까? 어머니가 동네 아줌마들과 이야기하시는 걸

들게 되었다. "나는 내 딸이 공부를 하고 싶다면 똥 묻은 고쟁이를 팔아서라도 공부시키고 싶다." 난 잠든 척했지만 방에서 그 이야기를 다 듣고 있었다. 나는 어머니의 말투에서 그 시대를 억척같이 살아낸 가난하고 이름 없는 한 촌부村婦의 결기가 느껴졌다. 이후로도 어머니는 나에게 입버릇처럼 말씀하셨다. "미향아, 네가 원한다면 엄마가 집을 팔아서라도 유학을 보내줄게." 그리고 그 말대로 난 기어코 유학을 갔다.

그렇게 어머니는 어린 나를 한 시간 넘게 버스를 태워 중학교에 가라고 등을 떠밀었다. 형편도 좋지 않은 가정에서 딸자식을 공부시킨다고 수군대는 아줌마들의 비난을 받으면서 대체 뭘 믿고 그러셨을까? 나는 그렇게 중학생이 되었다. 어디서 커다란 교복을 빌려오시더니 그걸 입고 가란다. 그렇게 맞지도 않는 교복을 입고 나 혼자 포항 시내에 있는 동지여중으로 진학하였다. 교복을 입었다고 열등감이 없어지는 건 아니었다. 내 몸에 붙은 가난은 나를 주눅 들게 했다.

한편 공장으로, 식당으로 돈 벌러 나간 친구들은 나와 때깔부터 달랐다. 대도시로 돈 벌러 간 친구들은 명절 때면 어머니가 삼시세끼 아궁이에 밥 짓는 거 힘들다며 전기밥솥도 사 오고 책이며 연필이며 동생들 학용품도 바리바리 싸 들고 금의환향했다. 친구들은 먹는 게 달라서 그런지 이차 성징도 빨리 왔다. 가슴도 봉긋해지고 다리도 늘씬

해지면서 짧은 치마가 제법 잘 어울렸다. 머리도 길게 길러서 한껏 멋도 부렸다. 난 그 모습이 못내 부러웠다. 나는 사내아이처럼 까무잡잡한데 명절에 한 번씩 돌아오는 친구들은 돈도 벌고 점점 예뻐지는 모습이 내심 부러웠다. 물론 그들은 학교에 다니는 내가 부러웠겠지만.

지금 세대는 봉지쌀이 뭔지 모를 것이다. 우린 봉지쌀을 먹고살았다. 학교에 다녀오면 어머니가 쌀을 열 되만 사 오라고 할 만큼 가난했으니까. 그것도 여러 곡식이 섞인 혼합미였다. 때로는 끼니를 염려할 정도로 가난했다. 그럼에도 포항도 아닌 대구에 있는 고등학교에 가는 것에는 의심의 여지가 없었다. 대구로 고등학교를 가야만 좋은 대학에 진학할 수 있기 때문이었다. 그렇게 내 뒤에는 어머니가 계셨다. 누구처럼 전교 1등을 맡아놓은 우등생은 아니었지만 매 학기 반에서 늘 우등상을 받았다. 통학하고, 동생들 돌보고, 어려운 여건이었는데도 공부를 곧잘 했다. 여건만 된다면 나도 공부를 잘할 수 있다는 자신감이 있었다. 그런데 고등학교로 진학하는 시점에 아버지가 "니는 돈 벌어서 동생들 공부시켜야 하니 대학엔 보낼 수 없다."고 딱 잘라 말씀하시는 게 아닌가.

나는 인문계 고등학교에 진학해서 나중에 대학도 가고 싶었다. 그러나 현실은 암담했다. 아래로 동생들이 줄줄이 나만 바라보고 있는데 나만 사치를 부릴 수는 없는 노릇이었다. 겨우 타협을 본 게 포항 시내 동지여상에 원서를 쓰는 거였다. 그 당시는 동지여상이 다른 인문계 고등학교만큼 실력 있는 학생이 가는 곳이었지만, 대학을 갈 수 없다는 생각에 난 모든 희망이 사라진 것 같았다. 3학년이 되자 한 사람씩 취업을 하기 시작하면서 나 역시 고등학교를 졸업하기 전 10월에 취업의 기회가 주어졌다. 감사하게도 동지여상과 같은 계열인 포항전문대학(포항일대학) 학장비서실에 취직하는 행운을 얻었다. 그때만 하더라도 난 그 기회가 내 인생을 어떻게 바꿔놓을 것인지 미처 몰랐다.

하루는 동지재단의 설립자이자 포항전문대학의 학장이신 하태환 학장님이 "이 양아, 난 니가 공부를 하면 참 잘할 거 같은데 우째 생각 있나?"고 물으셨다. 순간 잊고 있었던 진학의 꿈이 다시 떠올랐다. "하고 싶습니더." 난 당장 하겠다고, 공부하고 싶다고 했다. 그래서 1년 후 83학번으로 대학 유아교육과에 입학할 수 있었다. 공부가 너무 재미있었다. 비서실에서 일하면서 공부를 병행했다. 비서실은 시간이 많고 학교에는 도서관이 열려 있으니 공부하기에 천혜의 환경 아닌가? 매일 밤늦게까지 도서관에서 공부하고 책을 읽었다. 그때 읽었던 책들이 지금 나의 자양분이 되었다. 난 대학을 수석으로 졸업했다.

'쓸모'라는 말이 있다. 쓸모라는 단어는 참 묘하다. 쓸모 있는 사람이란 모난 사람이다. 누군가에게 쓸모가 있으려면 반드시 사람이 모가 나야 한다는 뜻이다. 사람이 둥글둥글해서는 어디서도 쓰이지 못한다. 여기저기 굴러다니다가 세월 다 보낸다. 사람은 세모, 네모, 마름모 등등 모가 나야 한다. 그래야 어디에 머물러 쓰일 수 있다. 난 대학을 졸업하고 비로소 세상에 왠지 쓸모 있는 사람이 되었다는 느낌이 들었다. 심리학자 앨버트 밴듀라는 이를 자기효능감self-efficacy으로 표현했다. 여기서 자기효능감이란 자신이 남의 도움 없이도 어떤 일을 잘 해낼 수 있다는 개인적인 믿음이다. 쉽게 말해, 자신의 쓸모를 느끼는 감정인 셈이다.

밴듀라는 자기효능감이 높은 학생들이 학업에 대한 남다른 집중력과 과제집착력, 학습의 자발성과 지속성을 갖고 있다는 사실을 발견했다. 자기효능감이 충만한 학생은 긍정적인 자아상을 통해 학업에 높은 성취동기를 보인다. 그런 학생은 문제 상황에서 공포감을 느끼거나 회피하는 게 아니라 도리어 문제에 적극적으로 달려든다. 그런 학생은 때로 문제를 해결하지 못하거나 실패하더라도 낙담하지 않고 다시 문제에 접근하는 회복탄력성도 갖고 있다.

나는 교육 현장에 있으면서 아이들에게 가능성을 보여주는 게 얼마나 중요한지 잘 알고 있다. 내가 쓸모 있다는 생각, 내가 쓰일 거라는 생각, 나를 써주는 데가 있을 거라는 생각이 학생에게 도전 의식을 주기 때문이다. 그리고 그 증거가 바로 나 자신이기도 하다. 내가 다니던 초등학교(국민학교)에는 풍금도 잘 치고 노래도 잘 부르시던 김동진 선생님이 계셨다. 초등학교 5학년이었을 때였나? 하루는 선생님이 동네 어떤 아이 가정방문을 가시면서 나에게 길 안내를 부탁했다. 그렇게 선생님과 나란히 동네를 걸어가는데 대뜸 선생님이 이런 말씀을 하셨다.

"미향아, 너는 서울 어디에 내놔도 손색이 없어. 너는 뭐든 할 수 있어. 선생님은 널 믿어."

선생님의 그 짧은 격려의 말이 한 시골 여자아이에게는 얼마나 무한한 에너지를 주었는지 이후로도 내내 잊을 수가 없었다. 그 격려는 몬테소리 여사가 교육 일선에 있는 교사에게 남긴 선언을 상기하게 만든다. "아이를 따라가라."

지금 나는 하태환 학장님, 김동진 선생님 흉내를 내고 있다. 학교에서 아이들과 선생님께 이렇게 이야기한다. "너는 가능성 덩어리야. 넌 잘할 수 있어. 선생님은 널 믿어." "선생님, 나는 선생님과 함께 일하는 것이 참 행복합니다. 이러한 교육을 구현해 낼 수 있는 것도 선생님이 계시기 때문이죠." 이렇게 격려하는 나는 진심이다. 그래서 그 순간이 참 행복하다. 아이들은 내 말에 우쭐해하며 자기 교실로 신나서 뛰어간다. 아이의 자신감은 아이에게 건넨 말 한마디에서 시작될 수 있다. 믿어주는 교사, 기다려 주는 학교가 아이가 스스로 쓸모를 발견하고 공부에 몰입하도록 만든다.

힘들어 포기하려는 아이에게 말해줘라. "맞아, 바이올린 어렵지? 그런데 선생님은 네가 달리기할 때 열심히 뛰는 모습을 보면서 그 열심을 가지고 바이올린도 도전하면 잘 해낼 거라고 믿어." "선생님은 네가 기대돼." 칭찬하지 말고 격려하라. 아이는 내면에서 금세 자신의 쓸모를 찾아낼 것이다. ✤

호기심을 잃은 아이는 전부를 잃은 것이다

"호기심은 학습이라는 양초 안의 심지와 같다."
— 윌리엄 아더 와드 —

"저는 특별한 재능을 갖고 있지 않습니다. 다만 호기심이 왕성할
뿐이죠."

아인슈타인의 말이다. 호기심은 신이 인간에게 주신 가장 위대한
자산이다. 알지 못하는 건 잘못이 아니다. 묻지 못하는 게 잘못이다.
호기심은 무지를 압도한다. 학생이 스스로 지식을 찾고 탐구하며 자
기주도 학습을 해나갈 수 있는 원동력은 호기심에서 나온다. 그래서
미국의 교육학자 존 듀이는 호기심을 모든 학습의 원동력이라고 말했
고, 영국의 심리학자 에릭 에릭슨Erik Erickson은 호기심을 학생이 가져
야 할 창의성과 문제 해결 능력의 첫 번째 토대로 꼽았다.

호기심을 잃은 아이는 전부를 잃은 것이다. 답을 알고 있는 아이는 더 이상 묻지 않는다. 더 이상 물을 줄 모르는 학생의 입은 굳게 닫히고 뇌는 멈춘다. 반대로 모르는 아이는 질문하기 시작한다. 교실은 학생의 호기심이 활활 타오르는 화로가 되어야 한다. 교실은 정답을 가르치는 곳이 아니라 정답을 찾아가는 곳이 되어야 한다. 이상적인 학교란 교사가 완벽한 답변이나 해결책, 닫힌 결과를 알려주는 장소가 아니라 임의의 답변이나 잠정적인 해결책, 열린 결과를 찾아가는 장소가 되어야 한다. 학생은 한 손에 호기심이라는 지도 한 장을 들고 교사와 이인삼각으로 시원始原의 미답지를 찾아 나서는 탐험가다.

특히 초등학교 시기는 상상력과 호기심의 결정적 시기다. 초등학교의 모든 교육과정은 학생들이 호기심을 갖고 마음껏 상상의 나래를 펼치도록 고안되어야 한다. 그러나 우리나라 현실은 그렇지 못하다. 현재 우리나라 초등학교 교실과 교육과정이 학생들의 호기심을 자극하는 교실일까? 이 질문에 학교는 결코 자유롭지 못하다. 초등학생은 어른이 알건 모르건 '왜', '어떻게'라는 질문을 던지는 문화적 탐험가로서의 삶을 살아야 한다. 이것이 몬테소리 여사가 말한 '아이를 따르는 일'이다.

돌이켜 보면 어렸을 때 나는 모든 게 궁금했다. 밤하늘의 별과 삼라만상의 조화, 행성의 규칙적인 운행과 별자리의 이동, 계절의 변화, 일

출과 일몰, 밀물과 썰물의 움직임, 물과 뭍의 경계, 수면 위를 치고 오르는 뭇 물고기들의 약동, 그물추기 하는 어부들의 힘찬 팔뚝, 나를 미지의 세계로 데려다 줄 것만 같은 철마鐵馬, 꽃가마 매고 언덕배기를 오르던 상여꾼들의 노랫가락, 그 위에 종이꽃으로 장식한 곡두도 궁금했다. 하늘과 땅, 바다와 산이 둘러싼 시골 마을은 꿈 많던 어린 소녀의 거대한 학교이자 실험실이었다. 별다른 교사는 없었다. 흙을 파고 올라온 지렁이의 궤적과 아찔할 정도로 좌우 대칭을 이룬 이름 모를 들풀의 꽃잎에서부터 갈라진 담벼락 사이에서 피어나는 자그마한 잡초에 이르기까지 주변 모든 게 교사이고 스승이었다.

몬테소리 여사는 호기심의 중요성을 누구보다 강조했다. 일찍이 그녀가 구상한 교실은 학생이 시공의 제약에 매몰된 가로세로 90제곱미터의 물리적 공간이 아니다. 몬테소리는 오로지 학생의 호기심을 따라가라고 말한다. 교실에서는 모든 것을 물을 수 있고 어떤 것도 탐구할 수 있다. 한 아이의 두뇌는 눈에 보이지 않는 미립자에서부터 육안의 경계를 뛰어넘는 우주를 모두 품을 수 있다. 호기심은 학습의 자율성과 내재적 동기부여를 촉진하는 데 절대적인 역할을 수행한다.

"별들과 지구, 돌들, 한마디로 말해 모든 종류의 생명이 서로 연결되면서 하나의 전체를 형성하고 있으며, 이 연결이 너무나 밀접하기 때문에 우리는 거대한 태양에 대해 어느 정도 알지 못하는 상태에서는 돌 하나도 제대로 이해하지 못한다. 우리가 건드리는 것이 무엇이든, 하나의 원자든 아니면 세포든, 그것에 대해 우리는 넓은 우주에 대한 지식 없이는 설명하지 못한다. 지식을 끊임없이 추구하는 아이들에게 우리가 해줄 수 있는 대답으로 그것보다 더 나은 것이 있는가? 우주조차도 충분한지 의심스러워진다. 우주는 어떻게 해서 존재하게 되었으며, 우주는 어떤 식으로 종말을 맞을 것인가? 엄청난 호기심이 일어난다. 결코 충족될 수 없는 호기심이다. 그래서 아이의 호기심은 일생 동안 이어질 것이다. 우주를 지배하고 있는 법칙들이 아이에게 흥미롭고 경이롭게 다가올 수 있으며, 사물들 자체보다 더 흥미로울 수도 있다."[*]

이처럼 몬테소리 교육이 내세우는 호기심과 학습 간의 관계는 이미 수많은 연구로 입증되었다. 2019년 영국 카디프대학의 매티어스 그루버Matthias J. Gruber 박사와 그 연구팀은 학습에 호기심이 미치는 영향력을 과학으로 입증했다. 그루버 박사는 호기심이야말로 새로운 정보를 얻고자 하는 인간의 본질적인 욕구를 충족시킨다고 주장했다. 신경과학의 도움을 받아 연구팀은 호기심이 학습자의 뇌에서 도파민 회로의 활동을 유도하여 기억을 관장하는 해마를 자극한다는 사실을 밝혀냈다. 학생은 호기심 상태에서 관련된 정보를 찾고 이해하고 암기

---

[*] 『잠재력을 깨우는 교육』, 22~23.

하는 데 탁월한 능력을 보였다. 간단히 말해서, 학생이 호기심이 높을수록 기억력도 좋아진다는 것이다.

이런 연구는 얼마든지 있다. 책으로 우리나라에도 소개된 적이 있는 미국 스탠퍼드대학의 사회심리학자인 토드 캐시던Todd Kashdan과 그의 동료는 호기심과 관련하여 학습 동기와 성취감, 자아 개발 등의 요소 간 관계를 탐색하기 위해 일련의 사회학 연구를 수행했다. 연구 결과는 놀라웠다. 학습자의 호기심이 증가할수록 더 높은 수준의 학습 동기와 성취감을 경험했던 것이다. 호기심이 자극되면 학생은 주어진 과제나 주제에 대해 더 깊게 파고들며, 지식과 정보를 탐색하고 습득하기 위해 노력한다는 것. 이러한 과정에서 자신감과 만족감을 얻게 되어 학습 의욕을 증진하는 것으로 밝혀졌다. 그뿐만 아니라 캐시던은 호기심이 개인의 자아 개발과도 직결된다는 사실을 밝혀냈다. 호기심을 가지고 새로운 지식이나 기술을 탐색하고 배우면 학습자는 자신의 역량과 가능성에 대한 신뢰를 갖게 되며 성장과 발전을 경험할 수 있다.**

더힘스쿨의 커리큘럼은 다양한 호기심에서 출발하도록 설계되었다. 일례로 화산火山에 대해서 배운다고 하면, 교사는 학생이 먼저 지

** 캐시던은 나아가 호기심이 학습자의 스트레스를 완화하고 긍정적인 감정을 유발하는 데에도 큰 역할을 한다고 주장했다. 토드 캐시던, 『행복은 호기심을 타고 온다』.

질학과 지구과학의 영역에서 화산을 탐구하도록 유도한다. 그 다음에 화산을 지리학의 영역에서 들여다볼 수 있다. 전 세계 조산대와 활화산의 분포와 함께 지구과학의 판구조론도 이해할 수 있다. 이 과정에서 자연스럽게 화산에 대한 호기심이 지진이나 해일, 쓰나미 같은 천재지변과의 연관성으로 넘어갈 수 있다. 어떤 학생은 실제 역사에서 인류 문명에 커다란 상흔을 남긴 천재지변의 사례를 연구할 수도 있고, 어떤 학생은 화산을 주제로 한 문학작품을 뒤져볼 수도 있다.

더힘스쿨은 모든 수업을 학생의 호기심에 따라 진행한다.
자신이 연구한 주제를 발표하는 것도 교사가 아닌 학생의 몫이다.

화산에 대한 호기심은 학생마다 다르다. 학생마다 생김새도 다르고 성격도 다르듯이 한 교실에서 단 하나의 주제도 똑같은 접근이 있을 수 없다. 화산에 대한 호기심이 여느 공립학교의 교과서처럼 단순히 지질학에만 머무르지 않는다. 일반 학교에서 화산을 공부한다는 건 수업 시간에 지구과학 교과서를 펼친다는 뜻이다. 학생은 침묵하고 선생은 열심히 떠든다. 반면 더힘스쿨에서 화산을 공부한다는 건 단순히 과학 시간에 묶여 있지 않다는 걸 말한다. 선생은 침묵하고 학생이 바쁘다. 호기심은 들불처럼 역사에서 지리로, 생물학으로, 다시 사회학으로, 문학으로 번져간다. 이때 유일한 교사는 학생 자신의 호기심이다. 교사의 역할은 학생이 호기심을 끝까지 밀고 갈 수 있도록 옆에서 자극하고 격려하는 것뿐이다.

다음은 더힘스쿨 1회 졸업생 정효의 편지글이다. 정효는 더힘스쿨에서 맺은 특별한 인연으로 현재 대학에서 특수교육을 전공하고 있다.

안녕하세요. 저는 더힘스쿨 1회 졸업생 박정효입니다. 제 추억이 가득 담긴 더힘스쿨이 올해로 개교 10주년을 맞이했다는 말을 들으니 감회가 새롭고 어릴 적 모습이 몽글몽글 기억납니다. 더힘스쿨은 제게 학문을 배우는 학교, 그 이상의 의미가 있습니다. 물론 좋은 친구들을 만나고 공교육을 벗어나 다양한 방법으로 세상을 접했다는 점에서도 그렇지만, 무엇보다 더힘스쿨이 저에게 특별한 것은 저의 소중한 꿈을 찾아준 곳이기 때문입니다. 더힘스쿨은 개교부터 지금까지 통합교육을 운영하고 있습니다. 통합교육은 장애학생과 비장애학생이 같은 교실에서 각자의 수준에 맞춰 학습하는 것을 말합니다. 장애학생을 분리하고 배척하는 고질적인 사고와 환경에서 벗어나 서로를 배려하며 공존하는 것을 배울 수 있는 방법이 통합교육입니다. 제가 초등학교 3학년 때까지 다녔던 일반 공립학교에서는 특별반을 따로 만들어 운영하고 있었기 때문에 저는 장애학생을 가까이 접해볼 기회가 없었고, 저에게 장애인은 그저 멀고 어려운 대상이기만 했습니다. 그러나 더힘스쿨에서 저는 제 인생의 방향을 바꾸어 놓는 새로운 경험을 겪게 됩니다.

초등학교 6학년이 되었을 무렵, 더힘스쿨에는 새로운 친구가 찾아왔습니다. 이제 막 1학년이 된 A라는 아이였습니다. A는 항상 땅바닥을 보고 있었고, 제가 건네는 인사에 대답도 하지 않았습니다. 저는 A와 친해지는 것이 어려웠고, 인사도 받아주지 않는 A에게 마음을 열기 싫었습니다. 하지만 선생님께서는 저희에게 A를 잘 챙겨줄 것과 A를 이해해 줄 것을 부탁했습니다. 저는 그때 A에게 장애가 있다는 사실을 처음 알게 되었습니다. 사실 A는 자폐 스펙트럼을 가진 아이였습니다. 저는 A에게 흥미가 생겼습니다. 장애인을 가까이서 보는 것이 처음이었기 때문이었습니다. 겉모습은 나와 똑같지만, 속으로는 어떤 생각을 하고 있는지, 어떤 것을 좋아하는지, 잘하는 것은 무엇인지, 싫어하는 것은 무엇인지 궁금해졌습니다. 저는 알은체하고, 남을 가르치는 것을 좋아하는 성격이기 때문에 A에게 수학을 가르치고, 공부를 도와주는 것이 재밌고 즐거웠습니다. A가 저로 인해 새로운 개념을 익히고, 활용하는 것이 신기하고 즐거웠습니다.

무엇보다 좋았던 것은 나날이 성장하는 A를 지켜보는 일이었습니다. 처음에는 인사도 받아주지 않던 A가 이제는 먼저 인사해 주고, 애정을 표현하고, 자기 의사를 드러내고, 새로운 개념을 적용하는 것이 신기했습니다. 그리고 성장하는 A를 바라보면 왠지 모를 뿌듯함과 보람이 생겼습니다. 그래서 저는 특수교사라는 새로운 꿈을 갖게 되었습니다.

요즘 세대의 문제가 무엇이냐고 물으면 "꿈과 비전이 없는 아이들"이라고 말하는 이들이 많습니다. 이런 세대 속에서 오랜 고민 없이 꿈을 발견한 저는 참 운이 좋다고 생각합니다. 그러나 한 가지 명심해야 할 것이 있습니다. 꿈은 경험으로부터 자란다는 것입니다. A를 가르쳐 보는 경험을 통해 특수교사라는 꿈을 찾은 저처럼 말입니다. 사람을 낫게 하고, 고통을 치유하는 의사를 경험한 아이는 자신도 그런 사람이 되고 싶다고 생각하며 의사를 꿈꾸게 됩니다. 밤하늘의 별을 바라보는 경험을 통해 우주의 비밀이 궁금해진 아이는 우주비행사,

천문학자를 꿈꾸게 됩니다. 이처럼 다양한 경험은 내가 더 좋아하는 것을 찾는 과정이 되고, 더 나아가서는 꿈의 근본적인 이유가 되는 것입니다.

저는 현재 대구대학교에서 초등특수교육학과 언어치료학을 복수전공하고 있습니다. 또 대구대학교 특수교육 · 재활과학연구소에서 학생 연구원으로 근무하며 연구 및 논문에 참여하는 등 저의 꿈을 이루기 위해 여전히 새로운 것들을 배우고 있습니다. 저의 삶의 원동력인 꿈과 비전을 갖게 해준 더힘스쿨에 감사를 드립니다.

앞으로도 더힘스쿨에서의 배움과 다양한 경험을 통해 더욱 많은 후배가 자신만의 소중한 꿈을 찾을 수 있기를 바랍니다.

호기심을 잃은 아이는 모든 것을 잃은 것이다. 호기심은 모든 학습을 구동하는 연료다. 연료가 바닥난 자동차는 길 한복판에 멈춰서는 것처럼 호기심이 바닥난 아이는 교육의 노정에서 길을 잃고 오락에 빠진다. 그래서 일찍이 월트 휘트먼Walt Whitman은 "판단하지 말고 호기심을 가져라."라고 말했나 보다. ❖

놀이의 위대함

"놀이는 아이의 일이다."
— 마리아 몬테소리 —

나는 포항 해안마을 소환리에서 태어났다. 아침, 저녁이면 바람을 타고 내가 살던 소환리까지 바다 짠 내가 밀려들어 오던 어촌이었다. 만선의 꿈을 안고 통통배를 타고 바다로 나가던 어부들의 뒷모습을 보며 자랐다. 뒤에 남겨진 마을의 여자들은 배를 타고 나간 남편이자 아빠의 무사 귀환을 목 빠지게 기다렸다. 성주신을 배에 모시는 뱃고 사나 풍어豊漁와 안전을 비는 제사는 한마디로 동네 아이들의 놀이터 였다. 용왕님의 노怒를 달래고 뱃사람들의 무탈을 빌기 위해 마을 사람들은 신당에 모여 막걸리를 따르고 음복을 했다. 바다에 빠져 죽은 사람이 있는 집은 해신에게 헌식獻食을 했는데, 고두밥을 하고 떡을 쪄서 마을에 돌리기도 했다. 모두가 배를 곯던 시절, 그걸 받아먹겠다고 아이들은 어매 뒤를 졸졸 따라 다녔다. 흘러내리는 코를 옷소매로 연신 닦으며 시커먼 손으로 제삿밥을 받아먹던 모습은 나를 비롯하여 동네 아이들의 일상이었다.

형편이 조금 나은 선주는 매년 정초에 무당을 불러 굿도 했다. 굿판이 벌어지면 동네는 그야말로 잔치가 벌어졌다. 목욕재계한 무당이 쾌자와 활옷을 걸치고 푸닥거리를 했다. 요즘으로 말하면 랩을 한 셈이다. 볼거리 즐길거리가 마땅히 없던 아이들은 서커스 구경하듯 몰려들었다. 형형색색의 오방색 한복을 입고 짙은 화장을 한 어린 무당은 어디서 아이란 아이는 박박 긁어모은 것 같은 구름 관중을 몰고 다녔다. 그렇게 부채를 들고 방울을 흔들며 신기神氣를 부릴 때면 코흘리개 아이부터 제법 머리가 굵은 애들까지 주변에 빙 둘러앉아 무당을 신기한 눈으로 쳐다보곤 했다. 나도 예외는 아니었다. 아이돌이 별건가. 어린 내 눈에 무당은 연예인 같았다. 곱게 분을 바른 어린 무당을 보고 나도 알록달록한 옷을 걸치고 패션쇼를 하듯 돌아다녔다. 그래서일까? 나는 중학교 때까지 고전 무용을 했다. 일상이 배고프고 무료한 나는 무당 놀이나 하고 놀았다.

아이들은 맨날 본 것을 흉내 낸다. 멀리 맹모삼천지교까지 가지 않더라도 옛날에 아이들이 하던 소꿉장난에는 아빠가 어김없이 술에 취해서 집안을 때려 부수는 역할이지 않던가. 보는 게 매일 같이 이뻐가 술 먹고 엄마 두들겨 패는 모습이니 애들이 그게 뭔지도 모르고 흉내 내고 노는 것이다. 나도 그랬다. 무당이 뭔지도 모르고 푸닥거리를 따라 했다. 그렇게 아이는 놀이를 통해 세계를 배운다. 역할극을 통해 관계를 배운다. 흔히 잘 노는 친구가 잘 배운다는 말을 한다. "놀 땐 놀고 공부할 땐 공부하자."는 말도 있다. 유치원 원장인 나 역시 놀이의 중요성을 그 누구보다 잘 안다. 하지만 사실 이 말은 틀렸다. 우리의 편견과 달리, 놀이와 교육, 놀이와 공부는 애초에 구분될 수 없다. 놀 때와 공부할 때를 나눌 수 없다는 말이다. 놀이 역시 교육의 일부며 교육 역시 놀이의 일부다. 놀이가 곧 교육이고 교육이 곧 놀이다.

일찍이 독일의 극작가 프리드리히 실러Friedrich Schiller는 놀이가 인간과 동물을 구분해 주는 중요한 기준이며, 인간성 상실을 극복하려면 놀이가 필요하다고 주장했다. 실러는 교육이란 모든 아이의 내면에 잠자고 있는 '놀이 충동'을 끌어내는 것이라고 말했다. 이러한 주장을 이어받아 네덜란드의 역사학자 요한 하위징아Johan Huizinga는 인간을 흔히 '사유하는 인간homo sapiens'으로 규정하는 관점에 반대하여 도리어 인간을 '놀이하는 인간homo ludens'이라고 정의했다. 태초에 놀이가 있었다. 인간 문명은 놀이에서 출발했다. 최초의 인간 아담은 동산을 돌아다니며 만나는 모든 동식물에 '이름붙이기' 놀이를 한 것으로 유명하다. 인간은 놀 때 가장 인간답다. 그래서 하위징아는 인간이 놀이라는 매직 서클magic circle을 일상에 그려놓고 살아가는 존재라고 말한다. 매직 서클(마법의 원)은 마법이나 놀이가 통하는 공간으로 그 안에서는 일상에서 통용되지 않는 새로운 놀이의 규칙이 적용된다. 명절 때마다 고스톱을 칠 때나 윷놀이할 때 펴놓는 담요와 같다고 할 수 있다. 지루함과 권태가 밀려드는 일상에 위협을 느끼는 사람은 즉흥적으로 매직 서클을 그려 일상을 놀이터로 만든다.

프랑스의 사회학자 로제 카이와Roger Caillois는 문명사 속에서 인간을 '놀이꾼joueur'으로 규정했다. 그는 인간이 즐겼던 놀이를 네 가지로 구분했다. 먼저 '아곤Agon'은 둘이 승부를 겨루는 게임이다. 권투나 탁구, 레슬링, 체스, 테니스 등이 여기에 해당한다. 상대를 이기려면 개인의 기술과 전략이 무엇보다 중요하다. 아곤을 통해 아이는 승부를 통해 자신을 이해하고 공정한 규칙을 통해 경쟁심을 긍정적으로 승화하는 방법을 배운다. 두 번째 놀이로 '알레아Alea'가 있다. 알레아는 기술이나 전략보다는 확률과 우연으로 승부가 갈리는 게임이다. 주사위놀이나 카드놀이, 동전던지기, 제비뽑기, 내기, 룰렛, 슬롯머신 등이 여기에 해당한다. 놀이의 승패는 '내가 잘 하느냐?'보다 '운이 얼마나 좋으냐?'로 판가름 난다. 아이는 알레아를 통해 상호 존중을 배운다.

세 번째 놀이는 '미미크리Mimicry'다. 미미크리는 모방이나 흉내를 통해 즐기는 놀이다. 소꿉놀이나 역할놀이, 장난감놀이, 연극, 춤, 공연 등이 여기에 해당한다. 미미크리는 규칙보다는 참여한 아이의 역할이 중요하며, 역할 속에서 자유로운 창의성을 발휘하는 데 매력이 있다. 이 놀이를 통해 아이는 주변 사물과 사람을 관찰하고 이를 모방하며 역할과 기능을 이해할 수 있다. 마지막 놀이로 '일링크스Ilinx'가 있다. 일링크스는 '소용돌이'라는 뜻의 그리스어에서 나온 말로 현기증이나 공포를 통해 신체적 재미를 얻는 놀이다. 아이는 롤러코스터나 서커스, 회전목마, 스키, 그네, 번지점프를 통해 짜릿함과 카타르시스를 경험할 수 있다. 아이는 일링크스를 통해 자신의 한계를 깨닫고 평형의 중요성을 인식한다.

필요한 것보다 더 많은 것을 가진 풍요의 시대에 살아가는 아이들을 보면 놀이의 빈곤에 빠져 있는 거 같아 안타깝다. 게임기며, PC방이며, 비디오게임이며 요즘 애들이 놀 게 얼마나 많은데 그러시냐 화들짝 놀라는 학부모의 탄성이 지금 내 귓가에 들리는 거 같다. "교장 선생님이 잘 모르셔서 그러시나본데 우리 애는 너무 놀아서 걱정이에요. 놀다가 학원 시간 놓치기 일쑤라니까요?" "아이가 게임에 빠져서 미치겠어요." 학부모들이 놓치고 있는 게 있다. 지금 나는 놀이의 형식을 말하는 게 아니다. 놀이의 성격을 말하는 것이다. 오늘날 아이들의 놀이는 결핍의 놀이, 자학의 놀이라는 게 내 결론이다.

몬테소리 여사는 말한다. "무언가에 집중하고 있는 아이는 대단히 행복하다. 아이는 그의 주위를 서성이는 이웃이나 방문객을 무시한다. 잠시 동안 아이의 영혼은 사막의 은둔자와 같다. 그의 개성이, 새로운 의식이 그의 안에서 탄생한다. 몰입 상태에서 나올 때 아이는 세상을 생생한 발견을 위한 끝없는 들판으로, 처음부터 새로 인식한다. 사람과 사물을 향한 사랑이 그의 안에서 깨어난다. 영적 과정은 소박하다. 아이는 자신을 하나의 전체로 통일시키는 힘을 기르기 위해 자기 자신을 세상으로부터 분리한다."* 더힘스쿨은 놀이와 학습의 경계를 짓지 않는다. 사실 그 둘은 같거나 동전의 양면과 같은 것이기 때문이다. 놀 때 아이의 무서운 집중력을 본 적이 있는가? 잘 노는 아이는 그만큼 몰입도 잘한다. ♣

---

* 『몬테소리 자녀교육』, 99.

완벽한 엄마, 사춘기 아이

"청소년기는 새로운 탄생과 같다.
이제 더 높고 보다 완전한 인간의 자질이 태어나기 때문이다."
― 스탠리 홀 ―

이웃 나라 일본과 우리나라에만 존재하는 병이 있다고 한다. 바로 '중2병'이다. 1999년 일본의 한 라디오방송에서 시작됐다고 하는 중2병은 이듬해 우리나라에도 건너와 사춘기에 접어든 십 대 아이들을 단체로 전염시켰다. 정작 일본에서는 이후로 중2병이 매스컴에서 자취를 감췄는데, 우리나라에서만큼은 유독 내성이 강한 변종으로 자라났는지 TV고 영화고 어디를 가나 중2병 천지다. 그래서 엄마가 공부 좀 하라고 말할라치면 아이는 마치 면죄부라도 받은 것처럼 중2병을 들먹이며 자기에게 말 걸지 말라고 으르렁거린다. 중2병에 걸린 아이는 그렇게 집안의 평화를 온통 헤집어 놓더니 덩달아 부모 속도 마구 헤집어 놓는다. 과연 어디서부터 잘못된 걸까?

흔히 질풍노도의 시기라고 하는 사춘기는 아이와 부모 모두 반드시 거쳐야 하는 시기다. 아이가 사춘기에 접어들면 엄마도 새로운 사춘기를 맞이하기 때문이다. 그래서 아이가 초등학교 고학년이 되면 오지도 않은 중2병을 벌써부터 걱정하고 벌벌 떤다. 그런데 엄마의 고민과 달리 사춘기는 아이에게 황금기와 같다. 사춘기思春期! 말 그대로 '생각의 봄'이라는 뜻이다. 얼마나 멋진 시기인가? 이 시기에 아이는 부모가 가르쳐준 사고의 흐름에서 벗어나 새로운 생각의 끈을 잡고 이전까지 한 번도 해보지 않았던 생각의 모험을 시작한다. 그렇게 꼬리에 꼬리를 무는 생각은 아이의 머릿속을 온통 뒤집어 놓고, 하루 종일 아이는 그 생각의 실타래를 풀어내면서 한계 없는 사유 실험을 감행한다. 우주비행사도 되었다가 기계공학자도 되고, 소설가도 되었다가 미학자도 된다.

　한마디로 사춘기는 아이의 감추어졌던 잠재력이 움트는 시기다. 자신이 설정해 놓은 회로대로 생각하고 행동하지 않는 아이를 어디로 튈지 모르는 럭비공마냥 불안하게 바라보는 부모는 문을 쾅 닫고 자기 방에 들어가는 아이를 두고 중2병이 난치병이라도 되는 양 혀를 끌끌 찬다. 부모는 왜 이 시기를 두려워할까? 아이는 고삐 풀린 망아지처럼 천방지축 제 하고 싶은 대로 하기 때문일까? 나는 부모 교육 때 언제나 말한다. "엄마들이 단단히 쥐고 있는 그 고삐… 대체 언제까지 쥐고 있을 건가요?" 문제는 아이가 아니라 아이의 코를 뚫어 코뚜

레를 달아놓은 부모에게 있다. 아이는 더 과감하고 과격하게 껍질을 깨고 알에서 나와야 한다. 외부에서 가둬놓은 경계로부터 탈주하지 않는 자는 어미의 둥지를 떠나지 않는 아기새처럼 평생 보호관찰의 수인囚人으로 살아가야 한다. 그래서 헤르만 헤세는『데미안』에서 이렇게 말한 것이다. "새는 알에서 나오기 위해 투쟁한다. 알은 세계다. 태어나려고 하는 자는 누구든 하나의 세계를 파괴하지 않으면 안 된다."

한 책에서 모소대나무의 이야기를 읽은 적이 있다. 중국 극동지방에서만 자란다는 대나무의 일종인 모소대나무는 씨앗이 발아하여 싹이 움트고 아름드리 건장한 나무로 자라는 데 매우 독특한 성장 과정을 겪는다고 한다. 즉 수년 간 농부들이 매일 물도 주고 비료도 주고 정성껏 길러도 4년간 고작 3센티미터밖에 자라지 않는다는 것. 그래서 모소대나무를 중국인들은 '모죽毛竹'으로 부른다고 한다. 하지만 5년째부터는 하루에 작게는 30센티미터, 크게는 60센티미터 넘게 자란다. 그렇게 단 6주 만에 15미터 이상 자라서 주변을 빽빽하고 울창한 대나무 숲으로 바꾼다고 한다. 어떻게 이런 폭풍 성장이 가능한 걸까? 사실 모소대나무는 4년 동안 자라지 않은 게 아니었다. 장차 어마어마한 크기로 성장할 것을 예견이라도 하듯 나무는 사춘기 동안 수백 미터 아래로 뿌리를 내리고 또 내린다. 그렇게 웬만한 바람에도 흔들리지 않을 만큼 뿌리를 깊이 내린 후에야 마음 놓고 하늘로 뻗어 갈 수 있다는 걸 모소대나무는 알고 있기 때문이다.

우리 아이들은 모소대나무와 같다. 성장하지 않은 것 같지만 땅속 깊이 깊고 단단한 뿌리를 내리고 있는 것이다. 당장 눈앞에 결과가 보이지 않는다고 실망하거나 초조해하지 말라. 더 크게 자라지 않는다고 화를 내거나 닦달하지 말라. 미래의 꿈을 키우는 데 아이는 4년이라는 사춘기가 반드시 필요하다. 위로 자라지 않는다고 못난 부모는 섣부르게 아이를 땅에서 제멋대로 뽑는다. 그렇게 밖으로 훤하게 드러난 아이의 뿌리는 완벽주의 엄마 때문에 점점 말라비틀어진다. 굵게 자라지 않는다고 급한 부모는 조기 유학이다, 해외 영어 과외다 아이에게 독한 화학 비료를 마구 친다. 그렇게 억지로 자란 아이는 아주 작은 외풍에도 쉽게 부러진다. 허우대만 멀쩡하지 키만 훌쩍 큰 아이는 집 짓는 데 들어가는 재목으로 쓰이지 못하고 땔감으로 버려지는 불필요한 나무가 된다.

　　잘못된 교육은 도리어 아이에게 독(毒)이 된다. 그럼 독은 어떻게 아이를 고사시킬까? '완벽한 엄마'가 되려는 엄마병이 중2병을 만든다. 인간은 완전할 수 없고, 엄마는 완벽할 수 없다. 엄마 역시 지구상에서 엄마 노릇이 처음이며 처음 해보는 일은 누구든 실수를 범한다. 교육학을 전공한 엄마, 교사가 직업인 엄마가 도리어 완벽한 엄마 증후군에 빠질 위험이 크다. 실수와 잘못을 인정하지 않는 순간 누구나 자신이 마음속에 그려놓은 이상적이고 '완벽한 아이'를 자신의 아이에게 주입하기 쉽다. 그렇게 엄마는 아이 자신만의 독에 가둔다. 독(櫝)에 갇힌 아이는 제일 먼저 엄마와의 소통을 끊는다. 뒤주에 갇힌 사도세자처럼 엄마와 대화가 단절되면서 정서적으로 굶어 죽는다.

사실 이 이야기는 내 참회록이기도 하다. 나는 아이들에게 누구보다 잘할 수 있을 거라 생각했다. 그러나 해를 거듭할수록, 그리고 학교 일이 많아질수록 엄마 역할은 점점 뒷전으로 밀려났다. '일하는 엄마'라는 자기 최면은 중독성이 있는 변명이다. 나도 모르게 그 변명을 살림과 육아에 시간을 충분히 낼 수 없는 현실을 덮는 구실로 쓰고 있었다. 남편과 아이들을 위해 평소 식단도 신경 쓰고 집안도 깔끔하게 청소하고 싶은데 시간과 에너지의 한계 때문에 퇴근하고 집에 돌아오면 녹초가 되어 그대로 드러눕기 일쑤였다. 하루하루가 피곤했기 때문에 아이들이 집을 어수선하게 어질러 놓으면 대번 짜증을 내고 소리를 질렀다. 아이들을 다독이고 애정으로 안아줄 마음의 여유가 없었다. 당연히 아이들을 혼내게 되면서 모자지간에 틈이 점점 벌어지게 되었다. 그렇게 입에서 독설이 나오고 아이는 독에 갇힌다.

하루는 퇴근하고 집에 와보니 아이들이 엄마를 기다리다 지쳐 마룻바닥에 누워 곯아떨어져 있는 게 아닌가? 순간 눈물이 왈칵 쏟아졌다. 그날 처음으로 일과 양육 사이에서 하나를 선택해야 하나 스스로 질문을 던졌다. '이게 무슨 짓인가? 아이들에게 엄마를 돌려주지 않고 그 시간에 정작 남의 아이들만 키우고 있잖은가?' 아이는 이 시기를 놓치면 안 되겠다 싶었다. 그러나 한편으로 교육은 내 인생의 전부였다. '이 땅에서 몬테소리 교육을 제대로 해보겠다고 다짐하지 않았는가?' 사명을 포기할 수는 없었다. 그래서 일주일에 한두 번씩 집에 와서 청소하고 음식을 해주는 도우미를 쓰기로 했다. 이건 최선책은 아니었지만, 두 가지 길 사이에서 찾아낸 접점이었다.

여기에는 일정한 기준을 세웠다. 아이들 방 정리는 아줌마가 절대 손대지 못하게 했다. 아이들이 스스로 침대를 정리하고 방을 정돈하는 걸 의무화했다. 어떤 심리학자는 청소년들에게 "세상을 바꾸겠다느니 업적을 남기겠다느니 거창한 말들을 늘어놓기 이전에 우선 너의 방부터 치우라."고 조언했다고 한다. 사소해 보이지만 방청소를 통해 아이는 작은 물리적 공간에 대한 통제력을 스스로 확인하며 자기효능감을 통해 사회적 관계와 학업 능력에도 큰 도움을 얻는다는 것이다. "이 집에서 함께 행복하게 살려면 최소한 이것은 하도록 하자." 나는 실내화도 아이들 스스로 빨게 했다. 아이들의 일을 어른이 해줘서는 안 된다. 아이 스스로 자기 일에 대한 책임을 자각하고 최선을 다해서 이에 충실하게 하는 것도 교육의 일부다. "얘들아, 아줌마는 엄마를 돕기 위해 온 거지 너희들 일을 돕기 위해 온 건 아냐. 그러니 너희 방은 너희들이 치우도록 하자. 너희가 이런 것을 해낼 때 큰일을 할 수 있지." 아이들이 처음엔 뾰로통했지만 점차 엄마의 마음을 이해해 줬다.

이와 더불어 기억나는 게 하나 있다. 요즘 부모들은 자녀에게 언제 휴대폰을 허용할지를 두고 고민에 고민을 거듭한다. 나 역시 그랬다. 아이에게 휴대폰은 늦게 주면 줄수록 좋다. 스마트폰은 아이의 사고를 수동형으로 만든다. 스마트폰을 안 한다는 것만으로도 무한경쟁에서 반은 이기고 들어갈 수 있는 무기를 가진 셈이다. "고등학교에 가야 휴대폰을 사줄 거야." 이것이 우리 가정의 룰이었다. 첫째와 둘째는 모든 의사소통이 휴대폰으로 하지 않아도 되는 시기였다. 반면 막내는 첫째와 9살 차이가 나다 보니 세대가 전혀 달랐다. 모든 걸 휴대폰으로 소통하는 세대였다. 당연히 막내는 틈만 나면 반에서 자기만 휴대폰이 없다며 입이 댓 발이나 나오곤 했다.

그러다 문제가 터졌다. 중2였던 막내는 축구를 좋아했는데, 토요일 오전 10시에 친구들과 중학교 운동장에서 축구를 하기로 약속했다. 시간에 맞춰 운동장으로 갔더니 아이들이 아무도 없더라는 것이다. 한 시간 이상 기다려도 아이들이 안 오길래 터덜터덜 돌아오는데 중학교가 아니라 그 옆 초등학교 운동장에서 친구들이 모여 공을 차고 있는 게 아닌가. 장소가 바뀌었는데 막내는 폰이 없어서 이 사실을 전달받지 못한 것이다. 막내는 그렇게 친구들과 공 한 번 차보지 못하고 집으로 돌아와 축구화를 집어 던지며 화를 냈다. "엄마, 내가 무슨 그지 새끼야? 왜 나만 휴대폰이 없어서 이런 일을 겪게 해?"

그 말을 듣고 엄마로서 너무 마음이 아팠다. 마음이 잠시 흔들렸으나 이내 마음을 다잡고 아들과 대화를 시도했다. 일반적으로 엄마라면 "안 돼, 1년만 참아. 우리 가정의 룰이잖아."라고 말하기 쉬운데, 중2병 자녀에게 그렇게 말해선 안 된다. "맞아, 정말 화가 날 만하네. 엄마라도 참 속상했겠어. 하지만 아들아, 2년이나 잘 참아 왔잖아. 그렇지? 고등학교에 가려면 얼마 남지 않았는데 어떻게 할까?" 아들은 그럼 고등학교에 들어가기 전 겨울방학에 사 줄 수 있겠느냐고 제안을 해왔다. 결국 나는 아들이 중학교 3학년 크리스마스 선물로 휴대폰을 사줬다. 그렇게 가정의 룰을 지켰고 동시에 막내와의 약속도 지킨 셈이다.

내가 어렸을 때 엄마는 입버릇처럼 말씀하셨다. "집에서 새는 바가지 밖에서도 샌다. 집에서 사소한 일부터 챙겨라." 우리는 작은 일을 소홀하게 생각한다. 우리나라 학부모는 공부가 제일 중요하다는 생각에 그 시간에 수학 문제 하나 영어 단어 하나 더 익히라고 자녀를 가정의 의무로부터 면제해 주는 경향이 있는 것 같다. 그래서 다 클 때까지 걸레 한 번 잡아보지도 않고, 쓰레기통 한 번 비운 적 없는 성인 아이들이 즐비한 것일지도 모른다. 대단한 착각이다. 나는 아이들이 어렸을 때부터 자신이 먹었던 밥그릇을 싱크대에 그대로 두어 자기가 설거지하도록 했다. 작은 것부터 철저하게 자기 일, 자기 책임을 깨닫도록 했다. 그러면서 나는 집안일에서 벗어나 아이를 이해하고 안아

줄 수 있는 에너지가 생겼다. 그렇게 큰 아이들은 이미 나의 든든한 후원군이자 동지가 되어 더힘스쿨을 함께 끌어가고 있다.

다음은 더힘스쿨에서 함께 아이들을 가르치고 있는 최명주 선생님의 글이다.

이미향 교장 선생님을 처음 만났을 때 나는 마음이 가난한 상태였다. 직장과 육아를 병행하며 가정과 양육에 대한 어려움으로 막막해하며 탈출구를 찾고 있던 때였다. 마침 딸아이는 교장 선생님이 운영하는 유치원에 다니고 있었는데, 그 인연으로 선생님으로부터 함께 일해 보겠냐는 제안을 받게 되었다. 그 뜻밖의 제안이 내 삶의 돌파구라 생각하고 유치원으로 출근하기 시작했다.

그리고 변화가 시작되었다. 육아로 어려워하던 나는 유치원에서 교사라는 직업을 통해 전문성과 훈련된 선배들의 도움을 받아 아이들을 가르치고 돕는 것을 배우게 되었다. 특히 교장 선생님의 자녀 양육 이야기와 3H 교육은 나에게 큰 도움이 되었다. 점차 일에도 적응이 되고 동료 교사와도 삶을 나누며 즐거움을 찾을 때쯤 나는 몬테소리 교사라는 또 다른 도전을 제안 받았다. 꿈이 '국어 선생님'이었다는 이야기를 나눈 적이 있었는데, 교장 선생님이 그 이야기를 잊지 않으시고 기회를 제공해 주신 것이다. 하지만 이 제안은 나에게만 온 게 아니었다. 유치원을 입사할 때부터 교장 선생님이 강조한 것이 있다. "준비하는 사람만이 기회를 얻는다!" "나의 발전을 위해 시간과 에너지를 투자하라!" 나와는 먼 이야기인 줄로만 알았던 사실과 일들이 하나씩 나에게서 실천되고 진행되기 시작했다. 3년간의 몬테소리 초등 교사 교육을 교장 선생님과 준비하고 받으며 많은 이야기를 듣고 배울 수 있었다. 일과 가정 그리고 연수 등 한꺼번에 도전하기에는 절대 쉽지 않은 시간이었다.

마침내 순천에는 우리나라 최초의 몬테소리 초등학교가 문을 열게 되었다. 나는 첫 멤버로 출발하는 영광을 얻게 되었다. 몬테소리 초등학교를 열기까지 수많은 어려움이 있었지만 포기할 수 없었던 것은 당신을 믿고 따라오는 이들을 저버릴 수 없노라고 하셨던 교장 선생님이 계셨기 때문이다. 오히려 믿어준 우리에게 감사의 마음을 나누기도 하셨다. 그러나 선구

자는 영광만 있는 것이 아니었다. 한 해 한 해 학교와 교육을 세워가는 그 길은 폭풍과 비바람이 이는 광야보다 더 어렵고 험난한 길이었다. 재정적 어려움은 물론 교육 철학에 대한 시험, 경험하지 않았던 패러다임에 대한 두려움에 떠나는 부모님도 많았다. 끝날 것 같지 않던 고난, 눈물의 시간이 교장 선생님에게 있었다. 그럼에도 불구하고 학교를 닫거나 포기하지 않으셨던 교장 선생님을 나는 잊지 못한다. 그리고 오히려 함께 하는 교직원들을 위로하시며 당신과 당신의 자녀, 그리고 나를 믿고 자녀를 보내 주시는 학부모님의 신뢰를 저버리지 않겠다는 다짐을 되뇌셨다. 당신 월급을 받지 못해도 교사들의 월급을 미루지 않으시고, 당신 옷은 못 사도 아이들의 교재, 교구는 미루지 않으셨으며, 이곳에서 만나는 한 학생 한 학생을 천하보다 귀하게 여기시는 교장 선생님의 마음을 나는 지금까지도 곁에서 지켜보고 있다.

이미향 교장 선생님은 학교에 오는 학생만을 귀하게 여기는 것이 아니라 끊임없는 부모 교육을 통해 그들의 가정, 그리고 부모 자신을 성공시킬 수 있도록 돕는 분이다. 곡식은 농부의 발소리를 듣고 자란다고 하였던가? 부모의 발걸음을 따라가는 아이들, 부모의 모습대로, 교사의 모습대로 자라는 아이들임을 신뢰하며 부모와 교사를 먼저 세우고 성공시켜 그 뒤를 따르는 아이들이 성공을 경험하고 자신의 삶을 성공으로 이끌어 갈 수 있도록 고민하고 실천하며 삶으로 보여주는 분이시다. 교장 선생님은 '사명'이라는 말을 꺼리신다. 사명을 감당하지도 못하고 그러기에 당신이 하는 일이 작다고 겸손을 보이신다. 뿐만 아니라 종종 애국조회 시간을 통해 "배워서 남 줘라."라는 훈화도 하신다. 나만의 성공을 위해 달려가는 지금 우리의 모습에 반하여 남을 위해 살아가는 사람, 우리는 헌신이라고도 하고 봉사라고도 하지만 결국 다른 사람을 위한 삶이 우리를 더욱 행복하게 만든다는 것을 아이들에게 강조하신다. 교육이 무너지고, 갈 길을 잃은 우리나라, 이 시대에 진정한 교사가 있다면 진정한 교육자가 있다면 바로 '이미향 교장 선생님'이라고, 삶이 변하고 성공의 삶으로 갈 수 있기에 꼭 그녀를 만나 보라고 마음을 다해 권하고 싶다.

완벽하겠다는 희망보다 자녀의 친구가 되어주는 부모가 자녀를 살린다. ❖

미래 세대를 위한 나눔 교육

"백 년은 살 것처럼 일하라, 그리고 내일 당장 죽을 것처럼 기도하라."
― 벤저민 프랭클린 ―

어릴 적 내가 살던 집은 담벼락 하나를 사이에 두고 시골 교회와 맞붙어 있던 자그마한 판잣집이었다. 야트막한 담이 하나 둘렀다고는 하지만 흙담은 집과 교회를 가르는 물리적 경계에 불과했고, 그것마저 여기저기 다 갈라지고 부서져 언제 무너져도 이상할 것 하나 없었다. 덕분에 교회 마당이 내 집 마당이기도 했다. 바깥에 있던 화장실을 교회와 같이 쓸 정도로 경계가 없었기에 교회로 들어가 우리 집으로 나가고 우리 집에서 나가 교회로 들어갔다. 어린 나는 교회 마당을 내 집처럼 온통 헤집고 다녔다. 이쪽에서 저쪽에서 문지방을 넘는 놀이를 하다가 복 달아난다며 엄마에게 꾸중을 들은 적도 있고, 장난으로 담을 타고 넘다가 제 발에 걸려 고꾸라진 적도 있었다.

덕분에 엄마는 자연스레 교회에 다니게 되었다. 덩달아 나도 아무런 대꾸하지 않고 엄마 손을 잡고는 교회에 나갔다. 지금 생각해 보면 어린 나는 꽤 신심이 깊었다. 점차 머리가 자라며 자의식이 생기고부터는 자연스럽게 나 자신을 크리스천으로 인식했던 것 같다. 매일 새벽 미처 잠이 덜 깬 나는 졸린 눈을 비비며 새벽기도에도 빠지지 않았고, 크리스마스다 부활절이다 매년 교회에서 행사를 한다고 하면 학교 친구들 두서넛은 데리고 갔다. 그래서인지 친구 중에는 나중에 교회 사모도 나오고 권사가 되거나 신학을 전공한 애들도 있었다. 친구들과 놀러 간다, 학교에서 공부한다며 이리저리 빠지기 일쑤였던 동생들의 손을 잡고 교회에 가만히 앉히는 것도 내 몫이었다. 다 커서 생각해 보면 그렇게 교회를 지척에 두었던 건 내가 이제껏 살면서 받았던 복의 원천이 아니었을까 싶다.

한 해는 이런 일도 있었다. 바닷가에서 고기가 잡히지 않자, 마을 사람들은 교회 종탑에 세워진 붉은 십자가가 고기를 바다에서 쫓아 냈다며 교회로 우르르 몰려왔다. 화가 머리끝까지 났던 사람들은 그날 십자가를 기어코 무너뜨렸다. 흉년이 교회 때문이라고 믿었던 건 나름 이유가 있었다. 우선 물고기를 잡는 건 동네의 생존이 걸린 문제였다. 안 그래도 어획량이 줄고 있는데 좋은 분풀이 대상이 생긴 셈이다. 그리고 사람들은 눈에 보이는 현상을 설명할 수 없을 때 주변에서 가장 간편한 해답을 찾는 경향이 있다. 바로 미신이다. 매년 금어기가 풀리면 굿판을 벌이는 이들이 요란한 십자가 때문에 용왕님이 노했다고 믿는 건 무식하냐, 유식하냐의 문제가 아니었다. 어쨌든 나는 그일을 겪으며 굉장히 큰 충격을 받았다. 교회가 무너지는 건 마치 내집이 무너지는 것 같았기 때문이다. 그래서 나중에 어른이 되면 꼭 다시 교회를 지어야겠다고 다짐했다.

그래서 나는 선교에 대해 일종의 부채의식이 있다. 우리나라 교회는 교인들의 헌금으로 땅을 사고 자체 건물만 올리려고 하지 사람을 키우거나 선교지를 개척하는 데에는 너무 인색하다. 교회는 다음 세대에 바람직한 문화를 물려주기 위한 투자를 아끼지 않아야 한다. 그건 크리스천들도 마찬가지다. 자신이 넉넉해서가 아니라 작지만 나눔으로 행복이 커지는 경험을 자녀에게 가르쳐줘야 한다. 그래서 먼저는 형제와 가족에게, 지역과 공동체에 작지만 내가 가진 분깃을 나누는 것을 가정의 문화로, 학교의 행사로, 교회의 지원으로 연결해야 한다. 이러한 부채의식이 학교의 교육과정에 녹아져 학생들도 나눔을 경험하게 해줘야 한다.

그래서 나는 매년 아들들을 데리고 해외 선교지 탐방이나 비전트립vision trip을 간다. 부모 교육이다 강연이다 바쁘지만, 매년 시간이 허락하는 대로 갔다 오는 편이다. 매년 내 분깃의 일부를 선교지에 보내는 일도 잊지 않는다. 동티모르에 선교사로 간 김진수 선교사님은 특히 내 마음에 깊이 남아 있는 분인데, 김 선교사의 사모가 혜화유치원에서 함께 교사로 봉사했기 때문이다. 더힘스쿨 학생들 역시 이러한 나눔과 선교에 동참하며 지역 사회와 공동체를 위해 봉사하는 마음을 기른다. 좋은 취지의 프로젝트가 있으면 아이들과 학부모님들이 십시일반 모금 활동에 동참한다.

자녀는 부모의 뒷모습을 보고 자란다는 말이 있다. 가정에서 부모가 휘청거리면 자녀도 그대로 따라온다. 엄마가 게걸음을 걸으면 제아무리 반듯한 아이라도 게걸음으로 걷게 된다. 너는 왜 똑바로 걷지 않고 옆으로 걷느냐 아무리 잔소리해도 아이는 보고 들은 것만 따라할 수밖에 없다. 나는 교장으로서 현장에서 아이들을 가르칠 기회가 많지 않다. 그만큼 내가 아이들에게 끼칠 수 있는 영향력의 범위는 국지적이다. 내가 모든 아이를 교육하려면 물리적 한계가 있을 수밖에 없다. 그러나 내가 교사와 부모들을 제대로 훈련하면, 교사가 만나는 아이는 하루에 열 명 이상이 될 것이며 각 가정에서 자녀를 담당하는 부모는 지대한 영향을 끼치게 된다. 그렇게 교사는 하루에 열 명 이상의 우주를 만나고, 부모는 각 가정에서 그 우주에 긍정적인 파문을 일으킬 수 있다. 내가 제대로 된 열 명의 교사만 배출할 수 있다면 한 해에 많은 아이에게 영향을 끼칠 수 있다. 그들을 통하여 교실 혁명을 이루고 교육 혁명을 이루어 갈 수 있다. 이를 위해 기도하는 교사와 부모, 학생이 있는 학교는 위대하다.

"눈을 뚫고 들판을 걸어갈 때는 적당히 대충대충 걷지 말아라穿雪野中去 不須胡亂行. 오늘 아침 내가 걸은 이 발자취가 뒤에 오는 사람에게는 길이 되느니今朝我行迹 遂作後人程." 서산대사의 시조를 인용한 백범 선생의 말이 생각난다. 이 글은 더힘스쿨을 세울 때 내 마음가짐이기도 했다. 길이 없는 눈밭 위를 걸을 때 내 마음에 내키는 대로 여기도 갔다가 저기도 갔다가 어지러이 돌아다니면 내 발자국을 뒤따라오는 후학들이 나와 똑같이 쓸데없는 방황으로 시간을 허비하게 된다. 오늘 나에게 주어진 길이 피할 수 없는 숙명이라면 회피하지 말고, 눈보라 휘날리는 무인지경의 들판이 오늘 나에게 주어진 운명이라면 부정하지 말자. 힘들다고 갈지자로 걷지 말고, 쉬고 싶다고 삐뚤빼뚤 걷지도 말자. 대충 걸어서 갈 길이라면 가지도 말고, 잠깐 갔다 돌아올 길이라면 돌아보지도 말자. 이 땅의 지도자라 불리는 부모와 교사, 목사, 기업의 CEO, 정치인 등은 다음 세대가 바람직한 역사를 써 내려갈 수 있도록 역사의식과 책임감을 갖고 좁고 곧은길을 걸어가야 할 것이다. ❖

　저는 여러 직함을 가지고 있습니다. 유치원 원장이면서 대안학교 교장, 한 남편의 아내이자 세 아들의 엄마, 그리고 한 교회의 권사이기도 합니다. 여러 직함을 갖는다는 건 때로 힘든 일입니다. 때로는 어떤 직함이 먼저가 되어야 하는지, 어떤 일을 최우선으로 놓아야 하는지 고민이 될 때가 있기 때문입니다. 이 책을 마무리하면서 저는 그간 저에게 주어진 직함에 얼마나 충실했는지 다시 한 번 되돌아봅니다. 고개를 젓고 싶을 정도로 부끄러운 기억도 있고, 도망치고 싶을 정도로 힘들었던 때도 있었습니다. 학생 하나하나의 얼굴을 보며 형언할 수 없이 행복했던 날도 있고, 이 일을 너무 잘 선택했다 싶을 정도로 보람찼던 기억도 있었습니다. 그 모든 게 이젠 유쾌한 추억이 되어 저의 일기장을 채우고 있습니다.

　그래도 원고를 마감하며 독자들이 그중에서 하나를 꼽으라면 전 사람을 키웠던 저의 자리가 한없이 크고 의미 있게 다가오는 것 같습니다. 저는 사람을 향한 마음, 교육을 향한 열정을 잊지 않고 끝까지 완주하고 있는 이 순간, '더힘스쿨 교장'이라는 저의 직함이 제일 자랑스럽습니다. 흔히 다음 세대를 제대로 키워야 한다는 이야기를 많이 들 합니다. 교육은 백년지대계라며 이 시대 교육을 새롭게 개혁해야 한다고 열을 올리기도 합니다. 그러나 어떻게 키워야 하는가, 무엇을 개혁해야 하는가에 대해서는 아무도 말하지도 가르쳐주지도 않는 것 같습니다. 과연 실력만 올린다고 해결될까? 과연 교실만 바꾼다고 개혁이 이뤄질까? 이런 답답함은 이 원고를 쓰는 내내 저를 지탱해 줬던 힘이었습니다.

실력과 전문성은 기본입니다. 아이를 성장시켜야 하는 우리 교사들의 역할은 그 기본을 넘어서야 합니다. 전문성 없는 교사, 목표 없는 개혁은 자칫 아이를 실험용 쥐로 전락하게 할 수 있습니다. 다음 세대는 당장 아이들만이 아닙니다. 바늘구멍보다 작은 취업의 기회를 뚫기 위해 발버둥 치는 젊은이들, 갈 방향을 몰라 헤매고 있는 후배들, 어떻게 가르쳐야 할지 감도 못 잡는 어린 교사들도 힘을 나눠줄 수 있는 저의 귀한 동료이자 동역자들입니다. 그들을 보면 따뜻하게 말도 걸어주고 손도 내밀어 주고 싶습니다. 앞으로 그러한 일을 해보고 싶습니다. 단순히 사람을 돕는다는 것보다 사람을 키우는 일을 하고 싶습니다. 유치원 원장으로 35년째 재직 중이지만, 저의 곁에서 32년째 교육의 부담을 같이 나눠지는 동역자도 있습니다. 교사들도 10년 이상 근속 중입니다. 하다못해 유치원과 학교 스쿨버스를 운전하시는 기사님도 20년 넘게 함께 일합니다. 하나님께 정말 감사드리고 싶은 건 이처럼 함께 오랫동안 일하는 동역자들을 많이 허락하신 것입니다.

　더힘스쿨은 이제 시작입니다. 앞으로 연구소 활동과 중학교 건립, 저서 활동 등 다양한 계획을 통해 우리나라 교육 현장을 바꾸고 가정을 변화시키는 데 작은 힘이나마 보태고 싶습니다. 비록 저는 미약하지만 하나님은 강하십니다. 저는 부족하지만 더힘스쿨의 교사들은 뛰어납니다. 저의 생애는 자랑할 만한 게 없으나 몬테소리 교육 철학에는 시대를 초월하는 위대한 가치가 숨어 있습니다. 이 책이 자그마한 조약돌이 되어 교육 혁명이라는 호숫가에 잔잔한 파문을 일으키기를 바랍니다. 앞으로 부모 교육을 위한 책을 통해 여러분들을 계속 만나고 싶습니다. 마지막으로 몬테소리 여사의 말씀으로 이 책을 여기서 갈음할까 합니다. 감사합니다.

"아이는 인류에게 희망이자 약속입니다."
― 마리아 몬테소리 ―

부록_더힘스쿨 몬테소리 교육과정

〈 더힘스쿨의 신앙 교육 얼개 〉

교육중점	실천 내용
예배와 찬양	• 주 1회 예배 • 모닝부스트: 찬양 및 워십worship, 기도 • 순교지 탐방 • 성경에 따른 절기 교육
말씀과 기도	• 구약과 신약의 역사를 배운다. • 잠언 묵상 및 나눔 • 성경 쓰기/타자/읽기 • 성경 암송 대회 • 다니엘 기도: 하루 세 번, 정시에 세계와 나라, 학교, 이웃, 가정, 자신을 위해 기도한다.
품성과 사명	• 49개 품성 덕목 수업(연차적으로 진행) • 품성 베이직 세미나 • 매일의 품성 실천 덕목 계획 및 적용 • 품성의 언어: 교사–학생 간 학생–학생 간 존대어 사용 • 절기에 따른 품성 훈련

〈 더힘스쿨의 몬테소리 교육 얼개 〉

교육중점	실천 내용
몬테소리 교육 철학	• 언어/수학/기하학/동물학/식물학/지리/역사/생물/물리/화학/지구과학/한국사/세계사 교육 • 음악/미술/바이올린 등을 통한 음악 재량 계발 • 체육/수영/산책을 통한 기초 체력 증진 및 체육 역량 계발 • 독서 하브루타를 통한 사고의 확장과 토론 훈련(각 과목 통합을 통한 융합적 사고) • IT수업을 통한 코딩 훈련
꿈과 비전의 실험장	• 하루 일과 적기 • 스스로 계획하고 실천하여 평가하기 • 자기 주도 학습 • 꿈과 비전 세우기 • 단기, 중기, 장기 실천 계획 세우고 정기적으로 점검하기
천연계 학습	• 학교 주변의 자연을 이용한 천연계 실험과 관찰 • 현장 견학과 체험학습 • 원예/목공 활동 • 과학 주간(재능 기부) • 지구사랑 주간(기후환경네트워크, 그린스타트) • 환경보호 백일장 대회

〈 더힘스쿨의 세계시민 교육 얼개 〉

교육중점	실천 내용
우주 구성원으로서의 세계관	• 애국 조회 • 우주 교육 • 예절 교육
도덕적 시민의식	• 기본 생활 습관 • 영어/중국어 교육 • 외국어 이동 수업
피스메이커로서 섬김과 나눔	• 학생 상담 • 학부모 상담 • 안전/보건/위생 교육
땅 끝까지 주의 증인	• 선교 여행 • 봉사활동 • 부모 교육 • 주니어 헬퍼 • 평화 교육

우주 교육

몬테소리의 우주 교육은 무한하고 방대한 세계에서 아이 스스로 나는 어떤 존재며 삶의 목적은 무엇인가를 고민하게 만드는 교육이다. 교사는 온 우주의 탄생, 지구의 생성, 생명체의 출현에 관한 과학적 사실을 이야기로 풀어내어 아이의 상상력을 자극하고 아이는 이 이야기를 바탕으로 매우 추상적인 개념을 구체적인 실험과 차트를 통해 배워나간다. 따라서 아이는 자기 영역을 벗어나 넓은 세상에 대한 개념을 깨우치는 기회를 얻는다.

그리스어로 우주를 뜻하는 단어 '코스모스'는 질서와 조화를 의미하며 혼돈(카오스)의 반의어이기도 하다. 아이는 우주의 질서에 대해 배우고 세상 모든 것이 그 질서 안에서 얼마나 조화롭게 연관되어 존재하는지 배우며 자연 법칙에 따라 발전한 인류의 지적 능력도 깨닫게 된다. 아이는 자신의 존재만 의식하다가 성장하면서 주변과 다른 이들을 인지하고 그 관심을 넓혀나간다. 아이의 발달은 온전히 가정과 부모가 어떻게 세상을 이해하느냐에 따라 좌우되며 교사의 세계관을 반영한다. 피아제는 2~6세 아이의 사고력이 발달함에 따라 기호나 상상을 이용하여 창의적인 이미지를 만들어 낸다고 믿었다. 몬테소리도 이 시기 아이가 상상력을 자신의 공동체 및 우주에 대한 관심으로 넓힐 때 평화를 사랑할 수 있게 된다고 믿었다.

1. 우주 교육의 목표

아이는 성장하며 우주 안에서 살아가는 사람의 역할이 무엇인지에 대해 질문을 던진다. 사람은 왜 이 지구에 사는 것일까? 자기 자신을 위해서일까? 아니면 각자에게 주어진 어떠한 일이 있을까? 이 질문의 단계는 몬테소리 여사가 제시한 우주 교육의 첫 번째 단계다 그녀는 우주 교육이 아이의 종교적 정서 발달을 돕는다고 표현했는데, 이는 특정 종교와 관련된 정신이라기보다는 세상에 존재하는 강력한 창조 능력을 인지하고 존재에 대한 감사의 태도를 의미한다.

우주에 대한 흥미와 호기심을 자극하는 차트와 과학 실험은 아이가 다양한 물질의 속성을 경험할 수 있도록 하는 순수한 실험으로 구성되어 있다. 교사는 과학 실험을 진행하면서 그 과학 실험이 지구의 역사와 어떤 관련이 있는지에 대해 직접적으로 언급하지 않는다. 그러나 아이는 추후 교사가 지구의 역사를 제시할 때, 왜 이전에 과학 실험을 했었는지 스스로 깨닫게 될 것이다.

2. 우주 교육의 내용

몬테소리의 우주 교육은 크게 다섯 개의 수업으로 구성되어 있다. 이를 5대 레슨Five Great Lesson이라고 한다.

1) 우주와 지구의 탄생The beginning of the universe and earth

이 이야기는 아이에게 우주와 행성, 태양계와 지구가 어떻게 형성되고 발전되었는지 말해준다. 몬테소리 교실 안에서 아이는 우주와 태양계에 대해 다양한 방법으로 연구한다. 아이는 우주가 어떻게 생성되었는지에 대해 호기심을 갖고 탐구한다. 지리와 역사, 천체학과 미술, 음악 등 다른 과목과 연계한 활동, 직접 대본을 만들어 연극을 하며 지식 세계를 구축한다. 이 이야기를 통해 내가 살고 있는 우주와 지구, 다른 나라와 우리나라까지 큰 세계를 그리게 된다.

2) 생명의 출현Life comes to earth

이 이야기는 지구에 생물이 어떻게 출현하고 소멸하며 진화해 왔는지를 보여주는 차트다. 이를 통해 아이는 동물과 식물에 대해 관심을 갖게 되고 하나님이 인간을 위해 미리 준비해 두신 환경, 즉 자연에 감사하는 마음을 갖게 된다. 아이는 각 시대별 동물과 식물을 자세히 조사하고, 화석 만들기 등 다양한 미술 활동과 연계하여 활동한다.

3) 인간의 출현Humans come to earth

이 이야기는 인간이 언제 이 땅에 출현했고 어떻게 생활해 왔으며 인간이 특별한 이유에 대해 말해준다. 이러한 인간에 대한 모든 욕구와 시간의 흐름에 따라 변화된 것들을 공부하며 아이는 그 속에서 역사의 흐름을 발견한다. 시간에 대한 개념을 배우고 자신에 대한 타임라인을 만들며 우주와 지구의 시간과 나의 시간, 예수님의 탄생을 통해 만들어진 시간들을 비교해 본다.

4) 언어의 역사How Writing began

이 이야기는 어떻게 문자가 탄생하고 사회적으로 약속된 언어로 정착되었는지 언어의 발달사를 보여준다. 아이는 이 이야기를 들으며 드라마를 통해 원시인의 생활을 표현해 보기도 하고 동굴의 벽화를 만들고 원시 언어로 단어를 써 보며 여러 언어에 대한 관심을 갖게 된다. 한글은 어떻게 만들어지고 창제되었는지 배우며 우리나라 역사와도 접목해 보는 시간을 가지게 된다.

5) 수의 역사How numbers Began

이 이야기는 수의 시작과 수학의 역사에 대해 말해준다. 수를 세고 적어야 했던 필요성과 수를 어떻게 표기하기 시작했는지, 이집트인의

숫자 표기나 수메르인의 표기 등에 대해 알아본다. 아이는 원이 왜 360
도인지, 0이 어떻게 생겼는지 등의 이야기를 통해 수에 대한 호기심이
생기게 된다. 또한 큰 수를 어떻게 표기하기 시작했는지 알고 십진법
의 체계를 배우며 수학적인 사고력을 기른다. 이러한 추론적 정신과
큰 수를 이해하고 즐기는 능력은 큰 우주를 이해하는 데 밑거름이 된다.

3. 우주 교육의 원리

몬테소리 교실에서 아이는 동일한 수업으로 학기를 시작한다. 우
주 교육과 역사 수업의 첫 시간은 우주에 대한 이야기를 아이에게 들
려주는 것으로 시작한다. 아이의 발달 특성에 맞추어 상상력을 자극
하는 이야기와 인상적인 차트, 실험으로 이루어진 우주 교육 과정은
수학과 기하학, 언어, 역사, 지리, 동물학, 식물학, 천문, 음악, 미술, 체
육 등을 포함한 하나의 통합적인 교육 과정이다. 몬테소리 교실에서
아이는 우주 교육을 통해 지구와 인류의 역사에 대한 이야기를 들으
며 우주와 지구의 광대함과 신비, 경이로움을 깨닫게 되고 전 자연사
에 비해 인간의 작은 존재와 특수성을 이해하며 다른 생물과의 관계
를 알아가게 된다. 자연 현상의 변화를 배우며 하나님이 주신 자연의
소중함과 중요성을 깨닫고 우리가 우주의 질서와 조화 속에 얼마나
큰 혜택을 누리고 있는지, 지구를 보존하는 일에 우리의 역할이 얼마
나 중요한지 알게 된다.

4. 우주 교육의 의의

초등 과정의 아이는 더 이상 자기중심적이지 않으며 자신의 영역이 확대되고 가족 이상의 더 큰 세상을 접하게 된다. 도덕성이 자라고 책임을 지는 것에 대해서도 배운다. 이 시기 아이는 민감한 상상력을 통해 과거와 미래를 그려나간다. 몬테소리는 아이에게 우주에 대한 비전을 심어주어 질서와 평화에 대해 생각하는 아이로 자라게 하고자 우주와 지구의 역사에 대해 관심을 갖고 탐구하도록 했다. 우주 교육은 아이에게 환경과 사람을 사랑하는 마음을 키워주고 인류에 대한 나의 역할과 책임을 알고 실천하도록 도와준다. 일찍이 몬테소리 여사는 아이가 우주 교육을 통해 평화를 실천하고 이루어 갈 수 있는 피스메이커peacemaker가 되는 것이 교육의 목표이자 목적이라고 말했다.

마리아 몬테소리는 그의 저서 『인간 잠재성을 교육하며To Educate the Human Potential』에서 이러한 이야기를 들려준다. "아이에게 전 우주에 대한 비전을 주자. 우주는 분명한 현실이며 모든 질문에 대한 답이기도 하다. … 만물은 우주의 일부며, 서로 연결되어 하나의 완전한 결합을 이룬다. 이런 아이디어는 아이에게 집중하게 하고 목적 없이 지식을 탐구하며 방황하는 것을 멈추게 한다. 아이는 세상 모든 것으로 자신의 우주적 중심을 찾은 것에 만족스러워 한다."

지리 교육

   지리는 지구 표면의 물리적이고 생물학적인 현상을 연구하는 과학이다. 몬테소리 교육에서 지리학이야말로 세계에 대한 진정한 이해와 지혜를 갖게 해 주고 광범위한 영역의 지식 세계로 아이를 이끌어 주는 핵심 교육이라고 할 수 있다.

1. 지리 교육의 목표

   지리학이라는 영어 어원은 그리스어로 '지구'라는 뜻의 'geo'와 '기술하다'의 뜻인 'graphy'가 결합한 것이다. 한자로 지리학地理學은 땅地의 이치理를 밝히는 학문學이다. 이는 지표상의 물리적인 위치와 분포에 대한 탐색을 넘어 인간과 인간의 생활양식에 대한 이해까지 추구한다. 아동이 살고 있는 모든 환경의 지형, 기후, 식생과 같은 자연환경인 물리적 특성과 경제, 사회 문화, 정치적 특성을 포괄한 '세계와 국토 공간에 대한 이해'를 연구하는 학문이다.

초등 시기의 아이들은 우주와 우주 안에서 자신의 위치를 이해하기 위한 탐구를 하고 있다. 그들의 욕구는 자기중심적이며 새로운 6~12세의 세계 안에서 매우 사교적이다. 이 시기의 아이들은 자기가 세계의 중심axis mundi이라 여긴다. 그래서 그들은 인간이 우주의 타임라인 중 지구상에 사는 많은 생명체에 비하면 아주 작은 순간일 뿐이라는 말을 듣고 충격을 받는다. 아이들은 광범위한 질문을 하기 시작한다. "내가 누군데? 내가 왜 여기 있지? 내가 어디서 왔을까?" 등등.

2. 지리 교육의 내용

몬테소리는 이 경이로움과 경외심의 부분에서 '코스믹(우주) 커리큘럼'이라고 불리는 것을 개발했다. 간단히 말하면, 코스믹 커리큘럼은 아이들이 우주 안에서 자신의 위치를 이해하려는 방법으로 지리, 역사, 생물학 그리고 물리 과학에 관한 연구다. 상상력과 호기심에서 출발하여 과거와 현재, 미래를 관통하는 연구로써 다양한 사실과 방대한 정보 속에 빠져 진리를 파헤쳐 나가며 그 결과는 개념과 지식의 추상화로 이어진다.

그 결과 많은 질문으로 이어지며 이러한 질문은 다시금 상상력이 풍부해지도록 돕는다. 이 영구적인 호기심의 순환은 6~12세에서 내적 동기 부여의 엔진이 된다. 그래서 아이들은 코스믹 커리큘럼의 하나로 지리학을 공부한다. "지구 이전에 시간이 있었나요? 태양은 어디에서 왔나요? 그 산맥은 항상 거기 있었나요? 모든 지역이 여름인가요? 돌은 어떻게 만들어지나요?" 등과 같은 큰 질문들은 지리학 공부의 원동력이 되지만 이러한 질문을 각각 따로 답하고 가르치는 것은 여러 과목이 서로 밀접하게 얽혀 있어서 불가능하다. 예를 들어, 지리학에서 지구의 역사를 공부하는 동안, 아이들은 물리학의 법칙에 따라 물이 어떻게 땅을 형성하였는지를 발견하게 되는 것처럼 말이다.

더힘스쿨 학생들이 아시아를 조사하면서 지리와 역사,
동식물을 연구한 융합교육의 결정체, 디오라마

이 몬테소리 앨범은 교사가 아이들에게 지구가 어떻게 생겨났는지, 그리고 시간이 지남에 따라 지형이 어떻게 변하는지 더 깊고 넓은 이해로 안내한다. 이를 위해 아이들이 몬테소리 사전에 워크를 진행하며, 감각 영역에서 학습된 명명법을 확실하게 파악하고 있다고 가정한다. 지리학 시간을 통하여 6~12세 교실에서는 아이들이 지구와 그 안의 지리적 위치를 이해할 수 있는 배경지식을 얻게 된다.

아이들은 자료와 차트를 사용하여 우리가 알고 있는 지구가 어떻게 만들어졌는지를 알게 되며, 이를 통해 나중을 위한 워크와 프로젝트에 관한 질문들을 만들어 낸다. 아이들은 과학 실험을 통해 자연의 특성을 배우게 된다. 그들은 물리 세계를 설명하기 위한 명명법을 배울 것이며 오늘날 우리가 사는 지구의 특징을 보여주는 다양한 종류의 지도를 만들고, 인간과 자연, 서로에 대한 상호의존성을 탐구한다.

6~9세의 아이들은 태양계와 지구에 대해 어마어마한 양의 지식을 배우며, 그중 지구와 태양의 중요한 관계에 대해서 배우게 된다. 그들은 카드 자료, 논픽션 서적, 도표, 연감, 동영상 등을 활용해 이해도를 높이기 위한 읽기와 쓰기 방법을 적용하여 학습하게 된다. 또한 수학, 기하학, 생물학, 역사, 물리 과학의 개념을 적용하여 현재의 우주가 만들어진 과정과 이유를 탐색하고, 이해하고, 설명한다.

3. 지리 교육의 원리

　세상을 바라보는 생각의 폭을 넓히고 깊이 사고하게 하는 힘을 가지게 하는 것이 바로 지리의 힘이다. 그러므로 교사의 역할이 매우 중요하다. 교사가 어떤 말과 어떤 사진을 제시해 주냐에 따라 아이의 문화 영역에 대한 사고가 확장되며, 문화라는 세계를 경험하고 체화할 수 있음을 인식해야 한다. 교사는 아이와 우주를 연결해 주는 매개자로 우주를 사랑하고 이해해야 하며 우주적인 시야를 가져야 한다. 또한 아이들에게 전달하는 내용은 과학적으로 정확해야 하며 아이의 욕구에 맞게 조정되어야 한다.

　특히 지리는 세계 정세나 필요에 따라 그 지식이 변화하고 첨가되기 때문에 항상 가르치기 전 정확한 내용을 인지하고 가르쳐야 하며, 아이들에게도 그러함을 인지시켜야 한다. 정치와 경제, 문화적 변화와 국제 정세도 다양하게 아이들에게 제시할 수 있어야 한다. 몬테소리 여사는 "아이에게 세상을 줍시다. 그에게 우주 전체에 대한 비전을 줍시다Let us give the world to the child, Let us give him a vision of the whole universe."라고 말한다. 아이들은 이미 자신의 공동체보다 더 큰 세계에 대한 흥미와 탐구하고자 하는 관심과 온 세상을 자신의 집으로 끌어들일 준비가 되어 있으므로 흥미를 느끼는 주제에 대해 탐색할 수 있도록 안내하고 준비해야 한다.

역사 교육

몬테소리 여사는 역사 교육의 시작은 아이에게 우주의 역사를 제시하는 것부터 시작한다고 말한다. 이것은 아이의 상상력을 자극할 뿐만 아니라 호기심과 놀라움, 흥미를 넘어서 경이까지 불러일으킨다. 몬테소리는 아이에게 우주에 대한 비전을 주고자 우주와 지구의 역사에 대해 탐구하는 교육 과정을 만들었다. 이는 태고부터 이어져 온 우주와 지구의 생성, 생명체의 탄생에 관한 과학적 사실을 이야기로 소개하여 아이의 상상력을 자극하려는 것이다.

1. 역사 교육의 목표

아이에게 먼저 넓고 광활한 우주를 제시할 때, 아이는 지식과 함께 지혜도 얻는다. 우주를 하나의 커다란 전체로 이해하는 것은 이후에 구체적인 내용을 이해하기 위한 간접적인 준비 단계다. 우주의 법칙에 대한 제시가 이미 과학적인 방법으로 이루어질 수 있지만, 다양한 교구와 실험을 통해 제시하는 것은 아이의 흥미를 이끌어 내고 교훈을 전달하는 데 훨씬 유리하다.

몬테소리는 6~12세 아이를 '상상력의 민감기', 즉 자신의 공동체와 우주에 대한 관심을 갖고 평화를 사랑하는 시기로 보았다. 아이는 유아기에 형성된 여러 기술을 사용하여 우주를 깊이 탐구하는 탐험가가 되고자 한다. 몬테소리 교실에서 아이는 우주와 지구, 인류 역사에 대한 이야기를 듣는다. 이를 통해 우주와 지구의 광대함과 신비, 경이를 깨닫고 인간이 얼마나 작은 존재인지 자연스레 느끼게 된다. 나아가 하나님이 주신 자연의 소중함과 중요성을 깨닫고 그것을 잘 다스리고 보호해야 함을 알게 된다. 또한 과거부터 현재까지 이어져 온 인간의 정신적, 물질적 욕구에 대해 배우며, 문명이 탄생한 이유와 각 시대별, 지역별로 다른 문화를 형성한 과정을 이해하게 된다. 모든 사람은 시대와 지역에 상관없이 동일한 기본적인 필요와 욕구가 있음을 배우고, 자원이 한정되어 있으므로 많은 사람과 잘 나누어 써야 함을 인지한다. 이 모든 과정이 역사 교육의 목표며 동시에 평화 교육의 정신이라고 할 수 있다.

2. 역사 교육의 내용

몬테소리의 역사 교육 과정은 크게 네 개의 영역으로 나누어진다.

자연사natural history와 인류가 출현한 이후의 역사, 선사시대prehistory, 그 후에 기록된 역사, 역사시대written history 그리고 마지막으로 시간 개념the linear measurement of time이다.

1) 자연사: 지구의 역사

자연사에 대한 학습은 어떻게 지구가 출현하게 되었는지를 배우는 데서 시작한다. 아이의 호기심을 자극하기 위해 이야기와 함께 사실적 정보를 보여주고 어떻게 세상이 만들어졌고 지속되었는지에 대한 이해를 돕기 위해 간단한 실험과 차트가 이용된다. 아이는 우주와 지구가 어떻게 형성되었는지 다양한 각도에서 탐색한다. 물질의 작용, 중력 법칙과 인력 법칙, 대기와 물의 역할 등 지구 표면을 형성하는 것들을 자연사를 통해 배운다. 이는 인류가 출현하기 위해 지구가 어떻게 준비되었는지를 보여준다. 그래서 수업을 시연할 때는 이 준비 기간이 얼마나 방대했는지 보여주는 것이 매우 중요하다. 이는 아이가 굉장히 오래전에 일어난 일에 대해 관심을 갖게 한다. 이 수업에는 '검정색 타임라인the black strip'와 '지질 연대 시계the clock of the eras', '생명의 타임라인timeline of life'이 사용된다.

검정색 타임라인은 30미터 길이로 맨 끝 1센티미터를 제외하고는 전부 검은색이어야 한다. 이 검은 띠를 아주 천천히, 마치 시간이 흐르듯이 펼쳐서 지구가 인류 출현 전 가졌던 오랜 준비 기간을 나타내야 한다. 그리고 긴 시간의 마지막 1센티미터에 인류가 출현함을 보여 우리의 존재가 전체 역사에 비해 매우 짧다는 점을 강조한다. 여기서 기억해야 할 또 하나 중요한 점은 검은색 타임라인을 천천히 펼치면서 지구에서 어떤 일들이 일어났는지 설명하는 것이다.

지질 연대 시계는 지구의 역사를 지질학적 시간으로 나타낸 것이다. 검은색 타임라인의 시연과는 달리 이 수업은 지금까지 계속 연구되고 바뀌기도 하는 진화론적 관점이다. 아이는 지금까지 연구되고 발견한 과학적 사실을 조사하고 항상 변화 속에서도 균형을 유지해온 지형과 생태계에 대해서도 더 깊게 알아볼 수 있다.

2) 선사시대: 인류가 출현한 이후의 역사

자연사에서 배웠듯이 기나긴 시간 동안 이뤄진 세상에 인류가 출현한다. 선사시대 인류 역사는 도구의 이용과 연관이 깊다. 아이에게 '손 차트', '인간의 기본적인 필요 욕구 차트', '인류의 출현 차트'를 소개한다.

손 차트는 언뜻 보기에는 자연사 학습에서 이용된 검정색 타임라인과 흡사해 보이지만, 방대한 인류 발전의 역사에 비해 글의 역사가 얼마나 짧은지를 대조하는 데 이용된다. 인간의 기본적인 필요 욕구 차트는 우리에게 필요한 것이 무엇인지 나타내면서도 그것이 우리가 사는 환경에 따라 다르게 충족되는 양상을 보여준다. 예를 들어, 먼 거리를 이동할 때 자동차라는 이동 수단은 필요하지만, 페라리 같은 고급 스포츠카가 꼭 필요한 건 아니다. 이러한 개념은 아이가 역사나 사회 과학을 연구할 때 어떻게 사회를 공정하게 발전시킬 것인가를 결정하는 중요한 지표 역할을 하게 된다.

인류의 출현 차트 중 첫 번째 타임라인은 구석기에서부터 어떻게 초기 인류가 그들의 필요를 충족하고 환경에 적응하기 위해 사물을 이용했는지에 대해 설명한다. 당시 생활상을 재현하고 상황극을 해보며 아이가 초기 인류의 삶을 시각화할 수 있다. 두 번째 타임라인에서는 후기 구석기와 농경의 시작, 그리고 문명의 발전을 탐구하는 데 초점을 맞춘다. 초기 정착과 문명을 보다 자세히 연구하고 이때 타임라인은 각 시대에 새로운 연구 주제를 선정하는 데 참고 자료로 이용되며, 질문 차트를 통해 따로 분리된 답안을 문제와 연결하는 작업을 진행한다. 그리고 거기서 접한 질문은 후에 아이가 연구 활동을 시작하고 수행하는 데 기본적인 기준을 제공할 수 있다.

3) 역사시대: 기록된 인류의 역사

역사시대, 즉 언어와 문자가 탄생하면서 기록된 인류의 역사에 관한 연구는 문화의 성장에 초점이 맞추어져 있다. 아이가 고대 문명의 발달에 대해 먼저 학습하고, 이후 자신이 속해 있는 지역의 역사에 대한 기록을 좀 더 깊이 있게 학습할 수 있도록 유도해 주어야 한다. 문화의 성장은 사람들이 이동하는 이유를 그려낸 이주 차트를 보고 알 수 있다. 역사 학습은 항상 큰 범주에서 작은 범주로 진행해야 하며 학습에 임하는 아이의 흥미를 끌어내는 것이 중요하다. 아이 스스로 주제를 정하고, 정보를 모아서 정리한 후, 각자가 알게 된 것을 서로 발표하여 나누게 한다.

4) 시간의 측정

시간의 측정에 대한 연구를 진행할 때는 시간을 도식화하고 시간을 나타내는 언어의 기원에 대해 알아본다. 인간의 필요로 만들어진 시계와 시간은 공동의 약속이며 추상적인 개념으로 12시간 시계를 통해 하루, 요일, 달, 년의 개념이 만들어졌음을 소개한다. 이 시간의 개념은 모두에게 적용되며, 모두가 이 시간을 기준으로 살아가고 있음을 감각적으로 경험시킨다. 타임라인에 대한 개념은 학급 일기를 쓰는 것으로도 배울 수 있다. 가족 형성에 대한 타임라인, 각 구성원의 타임라인, 그리고 기원전과 기원후의 타임라인에 대해서도 알아보아야 한다. 개인의 이름에 대한 역사 또한 이 부분에서 다루어진다.

이를 통해 아이가 시간 속에 살고 있으며 이 시간 속에서 나의 일상과 삶이 역사가 된다는 것을 깨닫게 된다. 아이는 자신의 삶 또한 다른 이들이 살아갔던 시간과 같은 것임을 깨닫고, 이는 이후의 시간을 살아갈 누군가에게 역사라는 이름으로 만나게 된다는 것도 알 수 있게 된다.

3. 역사 교육의 원리

역사 영역은 문화 영역의 기본이자 출발점으로 다른 영역과 연결되어 융합 교육이 진행된다. 5대 레슨은 역사 영역의 핵심 수업이자 우주 교육의 중요 철학을 담고 있으며 앞으로 진행될 모든 수업의 기초가 된다. 몬테소리 역사 교육은 아이의 호기심을 자극하고 궁금증을 자아내게 만든다. 아이는 자신에 대해 알고 관찰을 통해 더 많은 것을 보며 더 큰 세상을 발견함으로 내가 정말 원하는 것을 찾아갈 수 있다.

4. 역사 교육에서 교사의 역할

이 시기 교사의 역할은 이러한 자연스러운 발달이 방해받지 않고 잘 진행될 수 있는 환경을 조성하는 것이다. 교사는 적절한 교구와 자료를 준비하고 아이의 호기심과 탐구력을 자극할 수 있는 적절한 질문과 토의로 아이를 주의 깊게 이끌어야 한다. 교사는 아이의 수준과 지적 능력에 맞는 활동으로 앎의 즐거움을 느끼고 역사에 대한 큰 그림을 그리도록 해야 하며, 일방적인 수업이 아닌 스스로 질문하고 고찰하는 수업을 제시해야 한다. 교사는 훌륭한 이야기꾼이 되어야 한다. 이야기는 큰 범주에서 작은 범주로, 아는 것에서 모르는 것으로, 구체적인 것에서 추상적인 것으로 발전해야 하며 간단명료하고 재미있을수록 좋다. 동작이나 사진, 각종 물건을 이용하는 것도 상상력을 끌어내는 데 도움이 된다. 6~9세 시기는 많은 상상력의 씨앗이 뿌려지는 시기이므로 전체적인 그림과 인상을 제시하여야 한다. 몬테소리 교사는 학생 개별의 가능성을 인정하고 각자 우주 안에서의 존재의 의미를 찾을 수 있도록 도와야 할 것이다.

동식물 교육

　자연은 우주의 일부며, 인간에게 생명의 근원이 된다. 자연을 통해 생명을 배울 수 있고 존재의 근원을 고민할 수 있다. 따라서 교사는 동식물 교육을 통해 아이를 자연으로 안내해야 한다. 아이를 동물학과 식물학으로 안내할 때 각 연령에 따라 차이가 있다. 3～6세의 아이에게 교사는 식물에 대한 지식을 전달하기에 앞서 우선 아이가 감각적으로 느끼고 경험할 수 있도록 도와야 한다. 이러한 감각적 경험 없이 초등 과정에 들어온 아이라면 먼저 감각적 교구(식물 퍼즐, 잎 서랍 상자와 카드 등)를 통해 경험을 얻어야 한다.

　교사는 감각적 제시 후에 구체적인 분류 활동을 소개한다. 이러한 분류 활동은 아이가 동식물의 물리적, 형태학적 측면을 이해하도록 돕는다. 초기 분류 활동은 흥미롭지 않기 때문에 아이에게 재미있게 제시해야 한다. 분류 활동의 목적은 동식물의 형태학적인 개념을 이해하도록 돕고 그들의 어휘력을 증가시키는 데 있다.

1. 동식물 교육의 목표

"매 순간 자연은 가장 긴 여행을 시작하며, 매 순간 목표에 도달한다." 괴테Johann Wolfgang von Goethe의 짧은 글을 통해 우리는 우리의 삶 전체와 지금의 순간 그리고 미래를 비추어 볼 수 있다. 인생의 앞선 선배들이 그러하였듯 우리는 아이를 자연으로 이끌어야 한다. 왜냐하면 자연은 인간의 근간이자 생존의 바탕이기 때문이다.

몬테소리 여사는 분류(체계화)는 인간 정신의 필수 요소라고 말했다. 이는 개념을 체계화시킬 때 분류라는 과정이 반드시 필요하다는 뜻이다. 그러나 어떤 질서 없이 개념을 체계화하는 것은 진정한 지식이 아니라고 강조한다. 교사는 아이들의 마음속에 있는 이미지를 명확하고 의식적으로 정리할 수 있는 기회를 제공해야 한다. 이 기회를 통해 이미지를 마음속에 명료화하고 체계화시키며 더 탐구하려는 욕구를 자극하게 된다.

삶의 첫 3년 동안 아이들은 무수히 많은 인상들을 흡수하고 그들 주변 세상에 있는 모든 요소들을 받아들인다. 그중에는 다양한 식물, 예를 들어 나무, 꽃 등이 있는데 이들의 다양한 종류와 성장 과정을 통해 충분한 호기심과 관심을 이끌어 낼 수 있다. 이를 통해 자연에 대한 지식과 애정을 계발할 수 있으며, 자신의 존재와 더불어 생명의 소중함을 알고 이를 위해 이바지 할 수 있는 일을 실천해 갈 수 있다.

2. 동식물 교육의 내용

1) 가정에서의 소개

주변 환경을 탐구함으로써 자라나는 아이가 천천히 자신의 속도로 주변에 있는 세계를 발견한다. 유아에게 자연의 비밀을 소개하는 것은 먼저 가족의 일이다. 처음에는 구체적인 것과 실체를 관찰하게 하고 그런 다음 분류를 하게 한다. 예를 들어, 처음에는 고양이를 관찰하게 하고 그런 다음 '고양이는 살아 있는 생물이다. 고양이는 동물이다. 고양이는 척추뼈가 있어서 척추동물로 분류한다.'라고 구체적인 사항을 알려준다. 식물도 마찬가지다. 민들레와 수선화를 먼저 보여주고 느낌을 경험하고 하며 아이가 충분히 느낌을 가졌을 때 쌍떡잎식물인지, 외떡잎식물인지 분류가 그 뒤로 따라온다.

2) 동식물을 다루는 방법

첫째, 동식물을 어떻게 관찰하고 만지고 돌보고 사랑하는지를 알려준다. 일상생활의 한 부분으로 자연을 돌보는 방법을 알려준다. 동물에게 먹이를 주는 방법, 동물을 바르게 다루는 방법, 새장, 어항이나 다른 우리를 청소하는 법, 동물에게 마실 물을 주는 방법 등이 있다. 화초나 다육식물을 키우면서 식물을 키우는 방법, 텃밭을 가꾸는 과정 등을 알려줄 수 있다.

둘째, 가장 좋은 동식물 교육의 환경은 연못이나, 숲, 농장이나 동물원 같은 가장 실제적인 장소다. 여기서 아이는 식물과 동물을 관찰할 수 있다. 어린이집이나 유치원을 다니는 0~6세 아이가 실제적인 것에 이름을 붙이는 데 흥미가 있고 동물의 외부 명칭을 조사하며 살아가는 방법을 알고 싶어 한다는 것을 알아야 한다. 이때 아이는 원인을 분석하거나 내부 해부에 대해서는 흥미가 없다.

셋째, 교사는 동식물을 소개하기 전에 동식물의 필요성에 관해 연구하고 공부해야 한다. 아이를 위해 미리 적절한 시설을 갖추어 놓아야 한다. 처음에는 한 가지 동식물로 소개를 시작하고 점차 종류를 늘려 간다. 또 집에서 기르는 애완동물이나 화초를 학교에 가지고 와서 소개하고 함께 관찰할 수 있는 시간도 갖는다. 학교에 수족관을 마련해서 아이가 언제든지 관찰할 수 있게 한다. 파충류를 소개하기 위해서는 거북이로 시작할 수 있다. 따뜻한 물이 필요하며 겨울에 동면하는 것을 관찰할 수 있다. 햄스터도 교실에서 기르기에 적당하다. 양서류는 방문해서 관찰할 수 있다. 무척추동물은 곤충 사육장을 방문해서 소개할 수 있다. 아이는 각기 다른 장소에 사는 동물들을 관찰할 수 있다.

넷째, 우리는 항상 생명을 보게 된다. 아이는 이러한 생명이 어떻게 살고 있는지를 보게 되면 이들에게 이름을 지어주고 이들을 인식하고 생명을 사랑하고 보호하게 된다. 평화 교육도 연결될 수 있다. 잘 준비된 환경에서는 명명하고, 분류하는 것을 돕는 몬테소리 교구들이 제공된다.

3. 동식물 교육의 원리

동식물학 수업을 통해 동식물의 명칭에 대한 학습과 감각적 탐구에 대한 기회가 제공되고 더불어 교구를 통해 아이는 체계적이며 조직적인 지식의 체계를 쌓아가며 각 명칭의 의미를 이해하게 된다. 동식물학 교구들은 아이로 하여금 기본적인 잎의 형태, 잎의 각 부분, 식물과 꽃들의 각 부분, 동물의 구조, 해부학을 배우고 한 걸음 나아가서 스스로 인지력을 개발하게 하는 데 도움을 줄 뿐만 아니라 순수하게 그들의 감각적 경험을 풍부하게 함으로써 다음 과정에서 배워야 할 과학적 지식에 대한 기초를 다지게 한다.

아이는 각각의 흥미와 관심이 다르므로 우주에 대한 소개가 필요하다. 각각의 사실과 개념 대신 우주의 개념을 이야기 해주어야 한다. 전체의 그림으로 접근하여 차츰 세부적인 것으로 소개해 나간다. 이때 우주 전체로 접근하는 방법에는 두 가지가 있다. 하나는 우주의 법칙을 가르칠 때 상상력을 자극하여야 한다는 것이다. 상상력을 자극할 때 아이는 자발적으로 학습하고자 하는 호기심을 나타내게 된다. 둘째는 실험을 통한 것으로 직접 경험해 봄으로써 배울 수 있다. 실험은 과학적 사고와 아이디어를 자극하거나 지식을 얻을 수 있도록 돕는다. 6~9세 과정에서 과학적 사고를 일으키고 9~12세 과정에서 자세한 내용을 다루게 된다.

4. 동식물 교육에서 교사의 역할

교사의 역할은 아이가 하고자 하는 혹은 알고자 하는 욕구를 일으키는 것이라 할 수 있다. 교사는 동식물에 대한 기초적인 지식을 갖추어야 하며, 무엇보다 동식물을 아끼고 사랑하는 마음을 가져야 한다. 식물학, 동물학 강의에 앞서 우주 교육이 이루어져야 한다. 모든 우주 교육의 목적은 "우주의 모든 것은 상호 의존한다."는 사실에서 시작하며, 동식물 역시 인간과 연결되어 서로의 생존에 필수적이라는 진리를 깨우치도록 이끌어야 한다.

인간에게는 주변 환경에서 받은 인상을 정신세계 속에 정리하는 능력, 즉 '추상화'라고 하는 능력을 지니고 있다. 아이가 추상적 개념을 이해하기 위해서는 환경 안에서 주어지는 구체물과 상호 작용을 통해 개념을 먼저 이해해야 개념을 상징화하고 추상화할 수 있다. 이처럼 몬테소리 수학 교육은 인간이 사용하고 있는 상징체계 중의 하나인 수 체계와 수 조작을 소개하는 영역이다.

수학은 보통 학생들이 본능적으로 싫어하는 과목이다. 수학을 꽤 잘하는 학생들 역시 수학은 힘든 거라고 지레 부담을 갖는다. 이유는 수학이 갖는 추상성 때문이다. 수학은 추상적인 부호와 논리로 구성되어 있어 겉으로 보기에 인간적인 것, 구체적인 사물과 동떨어진 것처럼 느껴진다. 그러니 우리는 아이가 수학에 대해 긍정적인 태도를 갖고 수학이 세상을 이해하기 위해 만들어 놓은 하나의 상징체계임을 이해하고 수학에 흥미와 열정을 가질 수 있도록 도와야 한다.

몬테소리 여사는 일찍이 아이의 정신세계와 지능 발달의 기초가 되는 교육으로서 수학 교육을 매우 중요하게 여겼으며, 수학적 두뇌 형성과 논리 사고력을 기르는 것을 수학 교육의 목표로 정했다. 아이가 수학의 기초가 되는 개념을 감각으로 흡수하게 함으로써 내재해 있는 수학적 사고를 발전시킬 수 있도록 일찍부터 주변 환경을 마련해 주는 게 중요하다고 보았다. 또한 아이의 발달 수준에 적합하게 개발된 체계적인 교구를 통해 수학을 이해하기 쉬운 학습 활동으로 느끼게 구성함으로써 수학에 긍정적인 태도를 형성하도록 해야 한다고 하였다.

1. 수학 교육의 목표

1) 수 체계와 수 조작의 개념 이해

아이에게 수 개념은 일상생활에서의 필요성과 논리, 수학적 사고를 기르는 데 필요한 기초 개념이다. 몬테소리 수 교육에서는 0부터 9의 수 개념을 기초로 한 수 체계를 감각적으로 소개하여 아이의 수 개념 형성을 돕도록 했다. 이를 토대로 십진법을 소개하고 1~9000까지의 수 체계와 1~9999까지의 연속수를 이해할 수 있도록 구성되어 있다. 또 수를 이용하여 이루어지는 덧셈, 곱셈, 뺄셈, 나눗셈의 수 조작 개념을 이해하도록 여러 가지 교구와 작업이 준비되어 있다.

2) 수학에 대한 긍정적인 태도 형성과 흥미 유발

몬테소리 수 교구는 아이의 발달 수준을 고려하여 이에 적합한 구체물을 이용해서 수 개념을 소개한다. 또 수 개념의 발달 순서와 난이도에 따라 순차적으로 구성된 교구 소개 과정을 통해 수학을 쉽게 이해할 수 있도록 구성되어 있다. 아이가 수 개념을 많이 알고 수 조작을 잘하게 되는 것도 좋은 일이지만, 수학을 쉽게 이해할 수 있고 재미있는 활동이라는 인식과 태도를 갖는 것이 더 중요한 목적이라고 본 것이다. 따라서 철저하게 수의 발달 단계와 난이도를 고려하여 아이에게 수를 소개해야 한다.

3) 수학적 두뇌 발달을 촉진하기

수학적 사고는 정확성과 순서에 대한 이해를 토대로 발달한다. 그리고 수학적 사고에서 길러진 정확성에 대한 이해는 과학적 사고로 이어진다. 또 수학적 사고에서 길러진 순서에 대한 이해는 논리적 사고의 기초가 되며, 논리적 사고는 추상적 사고를 가능하게 한다. 숫자라는 상징적 기호가 지니는 의미를 구체적으로 이해하고 사용하는 수 조작은 논리적, 추상적 사고의 한 형태다. 결론적으로 몬테소리 수학 교육의 목표는 수 개념의 이해 과정에서 정확성과 순서를 이해함으로써 수학적 두뇌 발달을 촉진하고 이를 토대로 과학적 사고, 논리적 사고, 추상적 사고의 기초를 형성하고자 하는 것이다.

2. 수학 교육의 내용

1) 0~9의 개념 소개

- 0~9까지 숫자를 세는 방법을 소개한다.
- 0~9까지 숫자를 읽는 방법을 소개한다.
- 0~9까지 양과 수를 일대일 대응시켜 소개한다.

2) 십진법의 소개

- 십진법의 수 체계를 소개한다.
- 11~19까지 연속수를 소개한다.
- 1~9000까지 수 체계를 소개한다.
- 1~9000의 수 체계를 이용하여 네 자리의 숫자를 만들고 읽는 방법을 소개한다.
- 십진법을 기초로 자릿수 교환을 소개한다.

3) 연속수의 소개

- 1~10까지 연속수를 소개한다.
- 11~99까지 연속수를 소개한다.
- 1~100까지 연속수를 소개한다.
- 1~9999까지 연속수를 소개한다.

4) 사칙 연산

- 금색 구슬을 통하여 덧셈, 곱셈, 뺄셈, 나눗셈의 개념을 구체적으로 소개한다.

- 우표 놀이 등의 활동을 통해 사칙 연산을 점차 추상적인 수준
  으로 소개한다.

5) 암산과 추상에 의한 사칙 연산

- 구체적인 사물의 도움 없이 암산과 추상에 의해 사칙 연산 방
  법을 소개한다.

6) 분수

- 실물과 분수 교구를 통하여 분수의 개념을 소개한다.

3. 수학 교육의 원리

추상체계와 상징체계를 사용하는 수 개념을 소개하기 전에 아이는
먼저 일상생활 속에서 수학 교육의 기초가 되는 활동을 접할 기회가
주어져야 한다. 예를 들어, 주변에서 볼 수 있는 사물을 분류하는 활
동 속에서 사물의 형태나 크기의 차이를 인식하고, 유사성과 차이점
을 식별하는 능력을 기르며, 질서 있게 작업하고 연습하는 과정에서
순서 개념을 길러 준다. 감각 교구 작업에서 크다-작다, 길다-짧다, 가
늘다-굵다와 같은 개념의 학습은 수학에서 길이와 양, 부피 개념의 기
초가 된다. 언어 영역의 패턴 활동은 연속수에서 나타나는 수의 반복,
순서, 수학 공식 이해의 기초가 된다. 이처럼 일상생활과 여러 영역의
몬테소리 교구 작업 속에서 수학 개념을 이해하는 데 도움이 되는 다

양한 활동을 충분히 경험하도록 하는 것이 수학 교육의 기본 원리다. 더 좁은 의미로 수학 교육에 보다 직접적이고 구체적으로 관계된 교육 원리를 살펴보면 다음과 같다.

첫째, 양과 수를 구체물을 이용하여 감각적으로 제시한다. 예를 들면 1~10의 개념을 소개할 때 반드시 그 숫자가 의미하는 양을 구체물을 통해서 제시한다.

둘째, 양을 먼저 소개하고 숫자를 소개한 후, 양과 수를 일대일 대응하여 양과 수의 관계를 이해하도록 한다. 예를 들어, 1~10의 개념을 소개하고자 할 때 먼저 수 막대를 아이가 세어봄으로써 양을 세는 방법을 이해하고, 모래 숫자를 통해 숫자를 읽는 방법을 이해하고, 수 막대와 수 카드를 짝짓기하면서 양을 나타내는 사물과 숫자 기호를 일대일로 대응하는 작업을 소개한다.

셋째, 다양한 연습 활동을 통해 수 개념의 이해를 돕는다. 예를 들어, 수 막대와 수 카드 짝짓기 활동의 기본을 제시하고, 수 막대를 섞어 놓은 상태에서 숫자를 찾아서 짝짓기 하도록 하거나, 반대로 숫자 카드를 섞어 놓고 수 막대에 알맞은 숫자를 찾는 것과 같은 연습 활동을 제시한다. 다양한 교구를 새롭게 만들어서 1~10의 숫자를 양과 수로 이해하도록 돕는다.

넷째, 아이가 선행 교구를 이해했는지 확인한다. 수학 영역의 교구는 선행 교구를 이해하지 못하면 다음 교구를 이해할 수 없는 경우가 많다. 따라서 수 교구를 소개할 때는 먼저 선행 교구에 대한 이해가 충분히 이루어졌는지를 확인한다.

다섯째, 아이의 발달 수준과 난이도를 고려한다. 아이의 발달 수준에 맞지 않은 너무 어려운 교구를 제시하거나 너무 쉬운 교구를 제시하면 아이는 수학이 어렵거나 재미없다고 느낀다.

여섯째, 구체적인 사물과 함께 수 개념을 소개하고 점차 추상적인 내용으로 발전하도록 돕는다. 예를 들어, 사칙 연산 개념을 소개할 때 1, 10, 100, 1000의 숫자가 나타내는 양을 똑같은 크기의 숫자 타일로 표현하고 있어 1, 10, 100, 1000의 숫자 크기를 숫자 타일만 가지고는 표현할 수 없어서 보다 추상적으로 양이 표현된 교구가 필요하다. 따라서 보다 구체물로 수가 표현되는 은행 놀이 후에 보다 추상적으로 양이 표현된 우표 놀이를 소개하는 순서로 사칙 연산 소개가 이루어져야 한다.

일곱째, 교구를 정확하게 준비한다. 0∼9의 개념을 소개하는 교구들에 필요한 구체물의 수는 45개며, 1∼10의 개념을 소개하는 교구들에 필요한 구체물은 55개다. 이와 같이 수 교구는 활동마다 필요한 구체물의 숫자를 정확하게 준비해 주어야 아이 스스로 실수를 정정할 수 있으며 작업을 성공적으로 끝냈을 때 성취감이 더 높아진다.

여덟째, 시범이 정확하게 이루어져야 한다. 정확성과 순서는 수학 활동의 기본적인 요소다. 교구 시범이 정확하게 이루어져야 수 개념의 이해가 정확해진다. 교구 시범을 정확하게 하기 위해서는 의사소통이 정확해야 하며, 필요 이상으로 수학적 원리를 복잡하게 설명하는 것은 오히려 아이가 수학을 어렵게 느끼게 만들 수 있다. 따라서 교구를 제시할 때 교사와 아이의 상호 작용은 정확하고 명료하게, 그리고 간결하게 이루어져야 한다.

4. 수학 교육의 의의

수학 교육은 인간이 고안해 낸 상징체계인 수 체계를 아이가 이해하도록 도움으로써 수를 이용한 논리적인 사고와 과학적 사고를 할 수 있는 기초를 제공하는 것이다. 몬테소리 수학 교육에는 아이의 발달 수준에 적합하도록 구체물을 이용하여 수의 개념과 수 체계를 소개함으로써 수학에 대한 흥미를 유지하고, 긍정적인 태도를 가지도록 하는 데 중점을 둔다. 또한 사칙 연산을 소개함으로써 수 조작의 개념을 이해하도록 돕고 이를 통해서 추상적 사고와 상징적 사고를 발달시킨다. 결론적으로 몬테소리 수학 교육은 아이의 인지 발달을 촉진함으로써 정신세계 구축에 도움을 주어 지적 성장 발달을 돕기 위함이다.

"언어란 최고의 지식, 지성의 표현"이라고 몬테소리 여사는 말했다. 언어는 인간이 지성을 표현하는 최고의 방법이다. 언어는 인간만이 가진 특별한 능력이다. 언어는 원숙한 인간의 표징이다. 그래서 일찍이 몬테소리 여사는 "교육의 최대 목표는 언어 발달"이라고 말했다.

몬테소리 환경 내에서 이뤄지는 언어 교육은 매일 매일 이루어지는 다른 영역과 통합되어 진행되어야 한다. 몬테소리 여사는 특히 교실에서의 자유로운 대화를 통해 언어 발달을 이루게 하며, 지속적인 자기표현을 통해 언어가 발달한다고 했다.

1. 언어 교육의 목표

인간은 언어로 사고한다. 언어가 없다면 원초적인 감정과 느낌만 감탄사로 표현할 수 있을 뿐이다. 언어 교육은 모든 교육의 기본이라

할 수 있다. 의사소통은 아이의 정체성과 정서 발달은 물론 공동체에 속해 있다는 소속감, 논리적 사고, 과학적 사고로 이어지는 데 중요한 징검다리가 된다. 몬테소리 여사는 아이가 언어를 직접 몸으로 받아들일 수 있는 것은 흡수 정신 때문에 가능한 것이라고 했다. 따라서 몬테소리 교실에서는 교사에 의해 흡수기와 민감기에 따른 언어적 환경이 충분히 마련되어야 한다.

2. 언어 교육의 내용

교실에서 언어의 습득은 다음의 단계로 이뤄져야 한다.

1) 언어의 습득

첫째, 아이는 우선 말을 들을 수 있어야 한다. 말을 듣는다는 것은 청력의 이상이 없어야 한다는 의미다. 소리에 아이가 반응하고 이해로 나아가는 단계다.

둘째, 자기가 들은 소리의 뜻을 이해할 수 있어야 한다. 아이는 교사의 말을 듣고 그 의미를 이해해야 한다. 말을 이해한 아이는 말로 되받을 수 있다.

셋째, 말은 글로 표현할 수 있다는 사실을 알아야 한다. 글은 소리로 표현된 의미를 기호와 상징을 통해 기록하는 수단이다.

넷째, 글자를 자기 스스로 발음할 수 있어야 한다. 신체적으로 발음

기관의 발달과 함께 정확한 음운, 발화가 이뤄져야 한다. 나아가 정신적으로 언어의 이해가 완성되어야 한다.

다섯째, 말은 점점 발전되어 쓰기로 연결되어야 한다. 일상의 언어는 보다 추상적이고 논리적인 글로 옮겨질 수 있다.

2) 아이만 알고 있는 철자법을 표현하는 시기

촘스키Noam Chomsky에 의하면, 아이는 출생부터 주위 환경에서 많은 종류의 소리를 듣게 되는데 처음에는 그 소리의 색깔과 의미를 전혀 구별할 수 없지만 시간이 지나면서 사람의 목소리와 다른 소리를 분별해 낼 수 있게 된다. 이러한 능력으로 아이는 주위에서 들려오는 소리를 듣고 그 소리로 자기만이 아는 낱말을 구성한다. 그래서 그것이 자기 생각이나 의사전달에 가치를 갖고 있다고 생각한다. 철자법에 대한 아무런 상식과 경험 없이도 어른이 사용하는 글자를 흉내 내기 시작한다. 이러한 낱말 구성 과정을 '독창적인 철자법'이라고 한다. 독창적인 철자법이 나타나면 언어에 대한 민감기가 시작되었다고 할 수 있다.

3) 구어의 중요성

아이는 말을 들을 수 없으면 말할 수도 없다. 또 아이가 말할 수 없다면 일할 수도 없다. 이유는 아이가 말을 배우는 단계가 몇 가지로 나누어지기 때문이다. 첫째, 듣는 것이 익숙해져야 말할 수 있고 쓰기가 가능해야 읽기가 가능하다. 그래서 구어가 매우 중요하다고 할 수 있다. 아이는 대화체나 글자의 형태 구별, 추상적 사물의 동일성, 등 차성 등을 구별하며 시나 동요, 문학을 통해 많은 소리를 들을 필요가 있다.

4) 쓰기의 발달 과정

쓰기는 육체적이면서 동시에 정신적인 작업으로 쓰기의 발달 과정 중에 이 두 가지가 동시에 작용한다. 아이는 보고 듣고 자기가 경험한 것에 대한 것을 글자의 형태로 알아간다.

1단계 : 사진을 보고 명칭을 쓴다.

2단계 : 자기 혼자서 분석한다.

3단계 : 아이 고유의 글을 쓴다. 써놓고 읽는 단계를 거친다. 본인의 의사가 반영되기 때문에 작문이 가능한 단계다.

5) 읽기의 과정

1단계 : 의미를 파악하는 단계로 '읽는다'는 것은 아이가 이제까지 써온 글의 의미를 파악한다는 것이다. '읽는다'는 것은 문자 이해에 있어 가장 핵심적인 단계다. 문자 이해는 독해력에 있어서도 가장 기본이 된다. 또한 책에 표현된 문장을 정확히 표현하는 능력이 생긴다.

2단계 : 해석할 수 있는 단계로 문장에 나타난 것만 아니고 그 이상의 것을 해석할 수 있는 능력이 생긴다.

3단계 : 결과를 추측해 보는 단계로 아이가 책을 읽고 자기 자신의 판단, 평가 그리고 일반적인 자기 해석을 통해 결과를 이끌어낼 수 있다. 이 과정은 책을 읽으면서 경험하게 된다.

4단계 : 이전 단계를 모두 통합하는 창의적인 단계로 개인적인 사고력과 자기 관념 혹은 상상력이 발달하는 단계다. 이 단계에 도달한 아이는 책의 내용과 자기 사상을 합리화하기 시작한다.

6) 독해력을 위한 준비 과정

첫째, 대의를 찾게 한다. 아이가 중요한 부분을 찾아내어 이야기한다. 아이는 내용을 읽어보고 평가하며 결론을 내린다. 이 단계의 아이는 사고하는 과정을 훈련한다.

둘째, 아이가 읽은 내용을 설명하게 한다. 실물을 내어놓고 카드를 읽어준다. 잘 듣고 세 가지 물건 중에서 선택하도록 요구한다. 이때 카드의 사용은 구체적인 것으로 이끌어 준다.

셋째, 단계적인 읽기의 과정이다.

- 옷을 입는 과정을 그림으로 그려 퍼즐을 만들어 이어간다.
- 그림 카드의 순서대로 아이가 이야기하게 한다.
- 책의 내용이 순차적인 것을 준비해서 읽어준다.

넷째, 원인과 결과를 분석하는 단계다. 이 단계에 도달한 아이는 책을 읽고 원인과 결과를 분석하기 때문에 추리력을 얻는다. 아이가 책을 읽고 느낌을 쓰도록 한다.

3. 언어 교육에서 교사의 역할

언어 교육에서 교사의 역할은 매우 중요하다. 모국어를 흔히 영어로 '마더텅mother tongue'이라고 한다. 어머니로부터 최초의 언어를 배운다는 의미일 것이다. 교실은 언어의 장이다. 아이는 부모와 교사, 또래 집단을 통해 언어를 습득한다. 교사는 언어를 통해 아이들에게 지식을 나눠줄 뿐 아니라 정서와 감화도 끼친다. 따라서 교사는 품위 있고 알맞은 언어를 써야 한다. 교실에서 교사의 음성이나 어휘는 아이를 존중하는 자세에서 나와야 한다.

몬테소리 교실에서 교사의 역할은 안내자이자 보호자, 관찰자며, 비코츠키Lev Semenovich Vygotsky가 말한 '근접 발달 지역'의 일원이다. 아이가 언어 능력을 높이기 위해서는 자료가 필요하고 그 속에서 명칭, 정의가 바탕이 되어야 한다. 전체에서 접근하여 학명, 체제, 정의를 알려주고 체계적 조직을 통해 아이가 스스로 언어를 체계화해야 한다. 교사의 언어를 통해 아이는 상상력을 키우고 과학과 수학, 지리, 역사 등으로 이를 적용할 수 있도록 도와야 한다.

참고문헌

마리아 몬테소리, 『몬테소리의 어린이들을 위한 종교교육』, 조성자 역 (대구: 미루나무, 1993).

_____, 『잠재력을 깨우는 교육』, 정명진 역 (서울: 부글북스, 2020).

_____, *The Montessori Method: Scientific Pedagogy as Applied to Child Education in the Children's Houses, with Additions and Revisions by the Author* (Schocken Books, 1964).

김누리, 『경쟁 교육은 야만이다』 (서울: 해냄, 2024)

애덤 그랜트, 『히든 포텐셜』, 홍지수 역 (서울: 한국경제신문, 2024)

윤은주, 「몬테소리의 '정상화' 개념의 이해: '질서'를 중심으로」, 『교육철학』 24집 (2003): 95~108.

지구르트 헤벤슈트라이트, 『몬테소리 평전』, 이명아 역 (서울: 문예출판사, 2011).

차상희, 「다원주의 사회에서 몬테소리 유아 인성 교육의 의미」, 『열린유아교육연구』 24권 1호 (2019): 61~83.

최영희, 「몬테소리 교육과 어린이의 정신세계」, *Catholic Theology and Thought* 50 (2004): 235~260.

칼 세이건, 『창백한 푸른 점』, 형정준 역 (서울: 사이언스북스, 2020).

토드 캐시딘, 『행복은 호기심을 타고 온다』, 방영호 역 (서울: 청림출판, 2011).